Alexander Rothe

Heuristiken für das Winner Determination Problem in Ko

I0013276

Alexander Rothe

Heuristiken für das Winner Determination Problem in Kombinatorischen Auktionen

GRIN Verlag

Bibliografische Information der Deutschen Nationalbibliothek: Die Deutsche Bibliothek
verzeichnet diese Publikation in der Deutschen Nationalbibliografie; detaillierte bibliografische Daten sind im Internet über http://dnb.d-nb.de/ abrufbar.

1. Auflage 2011
Copyright © 2011 GRIN Verlag
http://www.grin.com/
Druck und Bindung: Books on Demand GmbH, Norderstedt Germany
ISBN 978-3-640-92032-7

Fakultät für Wirtschafts- und Sozialwissenschaften

Professur für BWL, insbes. Wirtschaftsinformatik

Von Alexander Rothe

Heuristiken für das Winner Determination Problem in Kombinatorischen Auktionen

Hamburg, den 21.03.2011

Inhaltsverzeichnis

Abbildungsverzeichnis

Tabellenverzeichnis

„Good auction design is *not* one size fits all"[1]

1. Einleitung

In der Wirtschaftslehre gehört die Auktionstheorie zu den am weitesten studierten und einflussreichsten Themen. Es werden die zwei grundlegendsten Fragen der Wirtschaft nach dem Preis und dem Zuschlag gestellt. Bei der Beantwortung der Fragen stellen Auktionen das kleine Fundament des Marktes. Viele moderne Märkte sind als Auktionen organisiert.[2] In klassischen Auktionen werden Güter einzeln und unabhängig voneinander versteigert. Die Entwicklung, Güter zu einem Güterbündel zusammen zu fassen und darauf Gebote abgeben zu können, führte zu dem Konzept der kombinatorischen Auktionen. Diese spezielle Form ermöglichte Bietern neue Varianten bei der Abbildung ihrer Präferenzen. Ein bekanntes Beispiel ist die Einführung einer Verteilungsregel von knappen Zeitfenstern für Starts und Landungen auf großen Flughäfen im Jahre 1968. Wenn Fluggesellschaften ein Zeitfenster am Startflughafen anfordern, besteht eine Abhängigkeit zu dem Zeitfenster der Landung an einem Zielflughafen. Diesem Umstand sollte Aufmerksamkeit verliehen werden. Aus ökonomischer Sicht ist eine Reservierung der Zeitspannen nach dem Aspekt interessant, welche Fluggesellschaft bereit ist am meisten dafür zu zahlen. Die Güter können bei diesen Ansprüchen nicht mehr unabhängig voneinander betrachtet werden. Es wurden Verfahren entwickelt, um die Vergabe der Zeitfenster über kombinatorische Auktionen abzuwickeln.[3]

Neben den positiven Aspekten ergeben sich gleichzeitig Herausforderungen, die nicht vollständig bewältigt wurden. Diese verhindern in einigen Feldern die Nutzung von kombinatorischen Auktionen. Zu den Hauptgründen gehört das Winner Determination Problem. Als Lösungsansatz sollen Heuristiken helfen, diesem Problem zu begegnen. Der Einsatz einer Heuristik bringt Vor- und Nachteile mit sich. Es stellt sich zusätzlich die Frage, welche Heuristik die besten Ergebnisse erzielt. In dieser Arbeit liegt die Konzentration auf den Suchverfahren Greedy, GRASP und Simulated Annealing.

Viele Probleme in der Auktionstheorie hängen von der Auktionsumgebung und den Auktionsregeln ab.[4] Bevor Lösungsansätze diskutiert werden können, sollten die Gründe und die Abhängigkeiten zwischen Auktion und Hürden geklärt werden. Für die theoretische Grundlage wird in dem ersten Teil dieser Arbeit ein Einblick in die Auktionstheorien mit

---

[1] Vgl. Paul Klemperer in „What Really Matters in Auction Design", S. 184.
[2] Vgl. Cramton/Shoham/Steinberg, S. 2.
[3] Vgl. Rassenti/Smith/Bulfin, S. 402.
[4] Vgl. Cramton/Shoham/Steinberg, S. 3.

ihren Entwicklungen und Erkenntnissen gegeben. Anschließend werden die verschiedenen Auktionsformen erläutert. Den dritten Abschnitt, über die Einleitung von kombinatorischen Auktionen, bilden die Bidding Languages. Mit Hilfe dieser Grundlagen kann man das Winner Determination Problem formulieren. Die Komplexität ist eine der bestimmenden Faktoren in diesem Problem. Dazu wird zunächst die Komplexität in einer kombinatorischen Auktion dargestellt, um anschließend die Fragen erörtern zu können, die dadurch aufgeworfen werden.

Den Schwerpunkt dieser Arbeit bilden Lösungsansätze, die teilweise auf sehr unterschiedlichen Konzepten basieren. Es gibt aktuell viele Algorithmen, Verfahrensweisen und Theorien, die sich mit der Problematik auseinandersetzen. Durch die Komplexität bedingt gibt es keine schnelle Lösung, die sich auf alle kombinatorischen Probleme mit der Garantie eines optimalen Ergebnisses anwenden lässt. Eine Alternative sind die in dieser Arbeit vorgestellten Heuristiken. Sie zeichnet ein im Verhältnis relativ geringer Rechenaufwand aus. Zur Klärung der Funktionsweise wird vor den einzelnen Verfahren die Idee hinter den Heuristiken vorgestellt. Danach folgt die Erläuterung der grundlegenden Funktionsweise, auf welchen die Algorithmen beruhen. Weiterhin werden die Eigenschaften und experimentellen Ergebnisse dargestellt, wie sie in der Literatur zu finden sind.

Um die theoretischen Überlegungen zu überprüfen, wurde im Rahmen dieser Bachelorarbeit ein Programm zur Simulation einer kombinatorischen Auktion implementiert. Dieses Programm ist in der Programmiersprache C# 4.0 geschrieben. Im Rahmen mehrerer Versuchsdurchläufe soll das Verhalten der Heuristiken unter verschiedenen Auktionsbedingungen beobachtet werden. Aufgrund der Abhängigkeit von den Ergebnissen zu den in der Arbeit implementierten Heuristiken ist eine Vorstellung der implementierten Algorithmen vor den Testdurchläufen nötig. Nach der Analyse der Testergebnisse schließen sich Folgerungen aus den Experimenten und mögliche Varianten für weitere Implementierungen an.

Das Ziel der vorliegenden Bachelorarbeit ist es, den wesentlichen Nutzen von kombinatorischen Auktionen in der Wirtschaft zu verdeutlichen trotz der Komplikationen, die sie mit sich bringen. Eine Herausforderung in Form des Winner Determination Problems soll erläutert und der Lösungsansatz der Nutzung von Heuristiken vorgestellt werden. Die genutzten Lösungsvarianten können nur ein Schema darstellen, das spezifiziert werden muss. Die Details der Auktion im Kontext sind entscheidend für den Erfolg. Sollen gute Auktionsmodelle entworfen werden, gibt es keine Lösung die überall anwendbar ist.[5]

---

[5] Vgl. Rothkopf, S. 195.

2. Kombinatorische Auktionen

Eine kombinatorische Auktion ist eine spezielle Form der Auktion. Zu den geläufigen Auktionen in Standardform gehört die Englische Auktion, charakterisiert durch aufsteigende Gebote. Diese kann Konsumenten von Onlineplattformen bekannt sein. In vielen öffentlichen Institutionen wird die Bestpreis-Auktion durchgeführt. Hierbei werden alle Gebote für ein Gut entgegengenommen und das höchste gewinnt. Bei dieser Form der Auktion können im Normalfall Gebote für einzelne Güter abgegeben werden. Das Interesse an mehreren Gütern in Kombination kann nicht abgebildet werden. Hat der Bieter die Möglichkeit, auf Güterbündel Gebote abzugeben, wird die Auktion kombinatorisch.[6]

Die Auktion kann in zwei Optimalitätskriterien eingeteilt werden. Damit ist die Frage gemeint, aus welcher Sicht optimiert werden soll. Ein Kriterium ist die allokative Effizienz. Hier ist mit optimal eine Lösung gemeint, welche den Gesamtnutzen aller Teilnehmer maximiert. Das andere Kriterium ist die Ertragsmaximierung in einer Auktion. Die Allokation soll dahingehend optimiert werden, dass der Ertrag eines Teilnehmers maximiert wird. Im Regelfall ist es der Ertrag des Auktionators.[7] Aus dem Bestreben einen maximalen Erlös für den Auktionator zu erzielen, lässt sich das Winner Determination Problem ableiten, für das im Verlauf der Arbeit Lösungsansätze erläutert werden sollen. Diese Form der Optimierung strebt die in dieser Arbeit implementierte Auktion an. Das Optimum kann aus anderer Sicht in einem Minimum liegen. Zum Beispiel wird in der betrieblichen Beschaffung versucht, die Kosten zu minimieren.[8] In der Literatur zu den relevanten Heuristiken dieser Arbeit findet man beide Formen der Optimierung.

Eine kombinatorische Auktion erlaubt dem Bieter eine detailreichere Abbildung seiner Präferenzen.[9] Dies ist wichtig, wenn es sich bei versteigerten Gütern um Komplementäre handelt. Komplementäre Güter ergänzen sich gegenseitig und ergeben zusammen einen größeren Wert, als wenn sie einzeln veräußert werden würden.[10] Dem entgegengesetzt können zwischen Gütern Substitutionseffekte auftreten.[11] Ein bekanntes Beispiel ist die seit einigen Jahren erfolgende Vergabe von Frequenzlizenzen durch die US-amerikanische FCC (Federal Communications Commission). Die FCC hat die Lizenzen auf geographische Regionen aufgeteilt. Diese werden derzeit durch simultane aufsteigende Auktionen vergeben.

---

[6] Vgl. Cramton/Shoham/Steinberg, S. 1.
[7] Vgl. Nisan/Roughgarden/Tardos et al., S. 268.
[8] Vgl. Bichler/Pikovsky/Setzer, S. 137.
[9] Vgl. König/Schwind, S. 30.
[10] Vgl. Porter/Rassenti/Roopnarine et al., S. 11153.
[11] Vgl. de Vries/Vohra, S. 1.

Bei Auktionen dieser Art, erfolgt die Versteigerung der Frequenzen gleichzeitig.[12] Zu beachten sind zum Beispiel bei Mobilfunkanbietern die starken Präferenzen über ein geographisches Gebiet hinaus. Bieter am Frequenzmarkt haben Interesse an den umliegenden Regionen. Bei simultanen Auktionen riskieren sie, lediglich eine Frequenz zu erhalten und für diese noch einen hohen Preis zu bezahlen.[13] Schnell könnte man folgern, dass der Einsatz von kombinatorischen Auktionen sinnvoller für die Frequenzvergabe ist. Bei der Aussage muss beachtet werden, dass es Probleme mit dieser Versteigerungsart gibt, welche die FCC nicht als hinreichend gelöst sieht.[14] Bevor die Rolle der kombinatorischen Auktionen näher vertieft wird, muss zunächst die Basis der Auktionstheorie geschaffen werden. Sie ist das Fundament für die weiteren Verfahrensmodelle und daraus resultierenden Herausforderungen.

2.1 Grundlegende Auktionstheorien

In der Auktionstheorie werden Auktionen nicht ausschließlich durch ihre Regeln bestimmt, wie zum Beispiel aufsteigende oder erstabgegebene Gebote. Die Auktionsumgebung spielt eine wesentliche Rolle bei der Betrachtung. Zu dieser Umgebung gehören die Anzahl der Verkäufer und Käufer, die Anzahl der zu versteigernden Güter, die Präferenzen der Teilnehmer und die Informationen, die es über die Präferenzen der Teilnehmer gibt.[15] Als Bezugsumgebung wird das Private-Value-Model nach Vickrey (1961) genommen. Nach diesem hat jeder Bieter eine eigene private Werteinschätzung für jedes Bündel von Gütern. Jedem Bieter sind seine Präferenzen über den Wert des Gutes und seine Vermögensausstattung bekannt. Diese hängen nicht von Informationen über die Präferenzen der anderen Bieter ab.[16] 1996 wurde an Vickrey der Nobelpreis vergeben, in dem das wegweisende Schriftwerk über die Independent-Private-Value Auktion, bekannt als Auktionsmodell bei Präferenzunsicherheit[17], erwähnt wurde. Zentrale Annahmen des Modells sind symmetrische Verhaltens- und Informationsstrukturen. Bezüglich des symmetrischen Verhaltens haben zwei Bieter mit dem gleichen Maximalgebot, das gleiche Bieterverhalten und die gleiche Risikoneigung. Die symmetrische Information setzt die Annahme von den Bietern voraus, dass die Maximalgebote nach einer einheitlichen Wahrscheinlichkeitsverteilung vergeben werden.

---

[12] Vgl. Rothkopf/Pekec/Harstad, S. 1131.
[13] Vgl. Bichler/Pikovsky/Setzer, S. 131.
[14] Vgl. Porter/Rassenti/Roopnarine et al., S. 11153.
[15] Vgl. Cramton/Shoham/Steinberg, S. 3.
[16] Vgl. de Vries/Vohra, S. 46.
[17] Vgl. Martini, S. 337.

Vickrey hat weiterhin das ausgeglichene Bieterverhalten bei Erst-Preis-Auktionen beobachtet. Durch Anpassung einer Preisregel könnte vertrauensvolles Bieten erreicht werden.[18] Diese Regel lautet: Jeder Bieter zahlt eher die sozialen Opportunitätskosten seines Gewinnes, als die des Gebotes. Letztendlich hat Vickrey den später bewiesenen Satz über die Erlösäquivalenz dargestellt.[19] Verschiedene Auktionsmechanismen, deren Allokationen sich im Gleichgewicht nicht unterscheiden, erzielen den gleichen Verkaufserlös. Ein Beispiel für die Independent-Private-Value Auktion ist die Versteigerung von Kunstvermögen, die später nicht weiterverkauft werden sollen.

1969 hat Wilson mit dem Common-Value-Model, eine neue Betrachtung eingeführt. Dieses wird als Auktionsmodell bei Qualitätsunsicherheit bezeichnet.[20] Im Gegensatz zum Private-Value-Model haben die Güter einen einheitlichen Wert für die Bieter. Der Wert ist während der Versteigerung nicht allgemein bekannt und hängt von den privaten Informationen von jedem Bieter ab. Aus der Sicht eines Bieters ist der wahre Wert von der Zahlungsbereitschaft der anderen abhängig. Wilsons Analyse ausgeglichener Auktionen bei gleichen Gutwerten zeigte das Problem des Winner's Curse auf.[21] Gewinner der Common-Value Auktion ist derjenige, der zufällig die optimistischsten Informationen und damit höchste Werteinschätzung des Gutes hat. Der Durchschnitt der Erwartungen bezüglich des wahren Wertes kann unter der Werteinschätzung des Siegers liegen. Nach Bekanntgabe, dass alle anderen Bieter das Gut weniger wertig eingeschätzt haben als der Sieger, könnte dieser das Gut nachträglich wertminderer beurteilen. Die Konsequenz ist ein Vermögensschaden. Durch Gebote, die tatsächlich niedriger sind als der eigene eingeschätzte Wert, soll das Problem des Winner's Curse minimiert werden.[22]

Das Private-Value- und Common-Value-Model beschreiben extreme Fälle und sind für die theoretische Erläuterung hilfreich. In der Praxis werden Auktionsumgebungen mit Elementen aus beiden Modellformen genutzt.[23] Dies beschrieb Milgrom erstmals 1981. Im Affiliated-Values-Model (Milgrom und Weber 1982) werden die Ansätze der zuvor erläuterten Spezialfälle verallgemeinert.[24] Die Kombination von Präferenz- und Qualitätsunsicherheit soll gleichzeitig berücksichtigt werden. Ausgehend von der privaten Werteinschätzung eines Bieters für ein Gut, kommen für alle Bieter auf die Schätzung Einfluss nehmende unbekannte

---

[18] Vgl. Porter/Rassenti/Roopnarine et al., S. 11154.
[19] Vgl. Bannier, S. 27.
[20] Vgl. Martini, S. 336.
[21] Vgl. Thaler, S. 50.
[22] Vgl. McAffee/McMillan, S. 721.
[23] Vgl. Cramton/Shoham/Steinberg, S. 3.
[24] Vgl. Li/Perrigne/Vuong, S. 2.

Bestimmungsfaktoren hinzu. Diese können für das zu versteigernde Gut eingeholte Expertisen oder Informationen von Experten sein. Die Werteinschätzung des Bieters hängt direkt von den privaten Informationen aller Bieter ab.[25]

Während sich die vorangegangenen Analysen an Auktionen im Standardformat orientierten, schaffte Meyerson mit seiner Entwicklung der Mechanismus-Design-Theorie die Möglichkeit für Forscher, optimierte Mechanismen für ein ausgeglichenes Resultat herzuleiten. Ziel der Mechanismen sollte die Maximierung einer bestimmten Zielfunktion sein, zum Beispiel der Gewinn des Verkäufers. 1981 legte Myerson eine erlösmaximierende Auktion mit risikoneutralen Bietern und unabhängigen privaten Informationen fest. Zusätzlich bewies er, dass in ursprünglicher Form von Vickrey hergeleitete Revenue-Equivalence-Theorem. In der Grundform wird zu Myersons Annahmen eine gemeinsame Wahrscheinlichkeitsverteilung der Informationen hinzugefügt. Dann gilt: Alle Auktionsmechanismen, in denen der Bieter mit höchsten Informationen gewinnt und Bieter mit den niedrigsten Informationen kein Gewinn erwartet, führen zum selben erwarteten Gewinn. Als Folgerung gilt eine von den privaten Informationen abhängige Übereinstimmung der Bietergebote zwischen den Auktionsmechanismen.[26] Dies gilt sowohl für Auktionen mit Private-Values und Common-Values, aber nicht beim Affiliated-Values-Theorem[27]

Meyer erkannte, dass jede Auktion als direkter Mechanismus wiedergegeben werden kann. Der Mechanismus bestimmt die Zuweisungen und Zahlungen auf Basis des Vektors mit den Geboten. Für jedes Gleichgewicht in jedem Auktionstyp gibt es einen äquivalenten direkten Mechanismus, durch den die Bieter der Teilnahme zustimmen und vertrauensvoll berichten. Ohne Einschränkung der Allgemeingültigkeit kann sich auf kompatible Anreize und individuell rationale Mechanismen konzentriert werden, um die Eigenschaften aller Auktionen zu verstehen. Kompatible Anreize berücksichtigen die privaten Informationen, die Bieter bei ihrer Wertbeurteilung haben. Die individuelle Rationalität bezieht die freiwillige Beteiligungsentscheidung der Bieter mit ein. Dieses Konzept ist bekannt als Revelation Principle (Offenbarungsprinzip).[28] Es besagt, dass jeder nicht zur Wahrheitsbekanntgabe anregende indirekte Mechanismus (bzw. Vertragssituation) in einen direkten Mechanismus übersetzt werden kann, der zur Offenbarung der Wahrheit und bevorzugten Verhaltensweise des Bieters führt.[29]

---

[25] Vgl. Cramton/Shoham/Steinberg, S. 4.
[26] Vgl. Bannier, S. 27.
[27] Vgl. Li/Perrigne/Vuong, S. 2.
[28] Vgl. Peters, S. 1350.
[29] Vgl. de Vries/Vohra, S. 46.

Diese Idee wurde von Meyerson und Satterthwaite (1983) genutzt. Sie beweisen eine generelle Unmöglichkeit von effizienten Verhandlungen, wenn die Existenz eines Gewinnes vor der Verhandlung unbekannt ist. Die Vorteilhaftigkeit der Vereinbarungen für alle Vertragspartner ist in dem Fall nicht sicher. Dieselbe Unmöglichkeit lässt sich auf Auktionen erweitern, in denen Käufer und Verkäufer private Informationen haben. Effizienz ist realisierbar, wenn die Händler zusammenwirkend die Verhandlungen durchführen (Crampton, Gibbon und Klemperer 1987). Ebenso können effiziente Mechanismen existieren, wenn die Positionen von Käufer und Verkäufer nicht ex ante (vorher) festgelegt sind und die Händler beide Positionen in Abhängigkeit vom Preis einnehmen können (Wilson 1993).[30] Die vorgestellten Veröffentlichungen sind ein kleiner Auszug aus der Entwicklung der Auktionstheorie. Ergänzt wurden diese um zahlreiche empirische und experimentelle Untersuchungen. Sie gehören zu den Grundbausteinen für den aktuellen Fortschritt auf dem Gebiet. Vernachlässigt wurde, dass Bieter in vielen Auktionsumgebungen sich sehr komplex für die Güterbündel interessieren. Diesen Umstand versucht man in kombinatorischen Auktionen zu begegnen.[31] Ein Beispiel liefert ein paar Schuhe. Dieses ist für einige Bieter im Ganzen mehr wert als der Wert eines linken und eines rechten Schuhs im Einzelnen. Gleichermaßen kann der Wert eines Güterbündels entgegengesetzt niedriger ausfallen.[32]

2.2 Arten der kombinatorischen Auktionsverfahren

Auktionsverfahren legen die Regeln in Form von Bietprotokollen bei Auktionen fest. Die grundlegenden klassischen Auktionen können in vier Formen eingeteilt werden, die teilweise bei kombinatorischen Auktionen wieder auffindbar sind. Nachfolgend wird die Unterteilung kurz erläutert, um dann anschließend genauer auf die Verfahren eingehen zu können. Unterschieden wird grundsätzlich zwischen geschlossenen und offenen Auktionsverfahren.[33] In geschlossenen Verfahren erfolgt die Gebotsabgabe geheim (engl. *sealed-bid*).[34] Weiterhin können geschlossene Auktionsverfahren in Erstpreis- und Zweitpreisauktionen unterteilt werden. Zu den Erstpreisauktionen (engl. *first price*) gehört das Bestpreisverfahren. Den Zweitpreisverfahren (engl. *second price*) gehört die Vickrey-Auktion an. In einer offenen Auktion (engl. *open-cry*), kann jeder Bieter die Gebote der anderen Bieter sehen. In der Englischen Auktion gibt es einen aufsteigenden Preis (engl. *ascending price*), in

---

[30] Vgl. Cramton/Shoham/Steinberg, S. 4.
[31] Vgl. Porter/Rassenti/Roopnarine et al., S. 11153.
[32] Vgl. Cramton/Shoham/Steinberg, S. 5.
[33] Vgl. Klemperer, S. 4 ff.
[34] Vgl. Rothkopf, S. 191.

der Holländischen Auktion einen absteigenden Preis (engl. *descending price*).[35] Im Anschluss sollen ausgewählte grundlegende Auktionsformen mit Bezug auf kombinatorische Auktionen erläutert werden.

2.2.1 Die geschlossene Auktion

Das Bestpreis- oder Erstpreisverfahren wurde in der Einleitung zu kombinatorischen Auktionen erwähnt. Die Abgabe der Gebote für Güter erfolgt verschlossen bis zu einem festterminierten Zeitpunkt. Aus diesen wird dann die kostenminimierende oder erlösmaximierende Kombination ausgewählt. Der Gewinner zahlt jeweils sein Gebot. Eigenschaften einfacher Bestpreisauktionen kann man bei den kombinatorischen Verfahrensweisen beobachten. Sie sind stabil gegen Absprachen zwischen den Bietern. Im Vergleich zu anderen Auktionsverfahren erfordert die Bestpreisauktion eine komplexe Strategie. Beispielsweise ein Bieter *Lowcost*, der die niedrigsten Kosten für ein Gut oder über mehrere Güter hinweg hat. Dieser Bieter kann vermuten, dass die anderen Bieter höhere Kosten haben. Sie bieten über den privaten Kosten von Lowcost. Bei Bietern wie Lowcost, welche die niedrigsten Produktionskosten haben, besteht die Gefahr, dass sie die Auktion mit einer spekulativen Strategie verlieren. Die Herausforderung bei der Strategie liegt in der Festlegung eines optimalen Gebotes. Erstpreisauktionen kommen zum Beispiel bei öffentlichen Bauvorhaben zum Einsatz.[36]

Die Arbeiten von Vickrey wurden bei den Auktionstheorien aufgegriffen. Obwohl die Vickrey-Auktion ansprechende theoretische Eigenschaften für die betriebliche Beschaffung aufweist, kommt sie in der Praxis eher selten vor.[37] Bieter in einer Vickrey-Auktion zahlen nicht den Preis, den sie geboten haben, sondern das Gebot des nächsthöheren Bieters.[38] Dieses Auktionsverfahren ist der Zweitpreisform zuzuordnen. Das Ziel ist die Motivation der Auktionsteilnehmer, an ihrer wahren Zahlungsbereitschaft angelehnt, die Gebote zu verteilen. Es gibt keinen Anreiz, mehr oder weniger anzuzeigen. Die Vickrey-Clarke-Groves-Mechanismen bezeichnen eine Klasse strategiebeständiger Mechanismen, welche die Eigenschaften der geschlossenen Auktion aufweisen.[39] Diese Mechanismen generalisieren die Vickrey-Auktion auf kombinatorische Auktionen. Auktionen dieser Art werden als

---

[35] Vgl. Klemperer, S. 4 ff.
[36] Vgl. Bichler/Pikovsky/Setzer, S. 134.
[37] Vgl. Cramton/Shoham/Steinberg, S. 5.
[38] Vgl. Rothkopf, S. 191.
[39] Vgl. Milgrom, S. 45 f.

verallgemeinerte Vickrey-Auktion (engl. *generalized Vickrey-Auction, GVA*) bezeichnet.[40] In einer Vickrey-Clark-Grove Auktion können Bieter für alle Güterbündel nach ihren Präferenzen Gebote abgeben. Im Folgenden ein Beispiel einer Auftragsversteigerung für zwei Güter *a* und *b*. Die Angebote der Lieferanten werden verschlossen, mit in Tabelle 1 ersichtlichen Werten, an den Auktionator übermittelt. Der Abnehmer hat Interesse daran, die Gesamtkosten zu minimieren. Dementsprechend wählt der Auktionator die kostenminimalste Allokation {a} von Lieferant 2 und {b} von Lieferant 1 im Wert von 30€.

Tabelle 1: Beispiel einer Auftragsversteigerung[41]

	Gebote(Bündelpreise)		
	{a}	{b}	{a, b}
Lieferant 1	24	13	35
Lieferant 2	17	17	32

Angelehnt an der konventionellen Vickrey-Auktion zahlen die Gewinner nicht den Preis in Höhe ihres Angebotes. Ihnen wird stattdessen ihr Beitrag zur Senkung der Kosten angerechnet. Dieser setzt sich aus der Differenz zum Wert zusammen, der durch eine Verteilung auf den nächsthöheren Bieter erzielt worden wäre.[42] Ohne Lieferant 1 wären Gesamtkosten von 32€ entstanden, weil dies der nächstminimalen Allokation von {a, b} entspricht. Resultierend erhält er eine Vickrey-Zahlung von 32 – 30 = 2€. Lieferant 1 zahlt für {b} 13€. Die Nettozahlung an Lieferant 1 beträgt 13 + 2 = 15€. Gleiche Verteilung bei Lieferant 2. Ohne ihn beliefen sich die Gesamtkosten auf 35€ für {a, b}. Dies ergibt eine Vickrey-Zahlung von 35 – 30 = 5€. Da Lieferant 2 für {a} ein Angebot von 17€ abgegeben hat, bekommt er vom Käufer 17 + 5 = 22€ ausgezahlt.[43]

In diesem Fallbeispiel kann durch die eingesetzten Mechanismen eine Nutzung von überwiegend vertrauensvollen Strategien erzielt werden.[44] Die Vickrey-Zahlung erwirkt die dominante Strategie, die Güter privat zu bewerten oder die Gebote an den privaten Herstellungskosten zu orientieren. Es sind Einschränkungen zu beachten.[45] Primär sollten die Bieter ihre Werteinschätzung unabhängig von zusätzlichen Informationen über den Preis

---

[40] Vgl. Klemperer, S. 232.
[41] Vgl. Bichler/Pikovsky/Setzer, S. 134.
[42] Vgl. Milgrom, S. 48 f.
[43] Vgl. de Vries/Vohra, S. 49.
[44] Vgl. Nisan/Roughgarden/Tardos et al., S. 222.
[45] Vgl. Cramton/Shoham/Steinberg, S. 5.

vollziehen. Bei zu hoher Komplementarität kann der Erlös für den Verkäufer zu gering ausfallen. Die Erhöhung des Preises eines Gutes erwirkt hier ein Fallen des Preises für das komplementäre Gut. Zusätzliche Bieter oder eine wachsende Werteinschätzungsfunktion der Bieter kann den Verkäufererlös weiter vermindern.

In seinen Arbeiten lobt Rothkopf die theoretischen Eigenschaften der Vickrey-Clarke-Groves Mechanismen. In der Praxis sieht er diese als nicht funktionierend. Sie arbeiten nicht, wie sie es der Theorie nach tun sollten. Rothkopf differenziert in seiner Veröffentlichung nach mehreren Problemfeldern bei der Anwendung, die von der Auktionsumgebung abhängig sind.[46] Milgrom und Bichler teilen in gewissen Punkten die Ansicht von Rothkopf. Beide sehen auch Auktionsverfahren als nicht praktikabel. Sie führen den hohen Komplexitätsaufwand als Ursache auf. Bei der Komplexität spielt das Winner Determination Problem eine wesentliche Rolle.[47] Komplexität in Auktionen und das Winner Determination Problem bilden einen Kernpunkt dieser Arbeit und werden später noch erläutert.

2.2.2 Offene Auktionsverfahren

Bei offenen Auktionen können Bieter die Gebote der anderen Wettbewerber einsehen. Das erlaubt Rückschlüsse über die privaten Präferenzen aller Bieter. Die Informationen darüber können zu einer Anpassung der eigenen Bewertung führen. Was sich zunächst negativ anhören kann, gehört zu den Hauptmotivationsfaktoren bei offenen Auktionen. Die Informationen helfen dem Bieter bei seiner ersten vorläufigen Preisbildung, Güterzusammenstellung und Fokussierung seines Schwerpunktes vor der Auktion.[48] Offene Auktionen werden im Großteil iterativ (in mehreren Runden), durchgeführt. In kombinatorischen Auktionen müssen potentiell sehr viele Gebote abgegeben werden. Dieser Sachverhalt wird bei den Herausforderungen von kombinatorischen Auktionen noch näher diskutiert. Bei den iterativen Auktionsverfahren sind, durch die Aufteilung auf Runden, weniger Gebote abzugeben. Bei der betrieblichen Beschaffung haben iterative Verfahren Vorteile, die ebenfalls bei kombinatorischen Auktionen gelten.[49]

Eines davon ist die Möglichkeit, dass Bieter auch in späteren Runden Gebote für Bündel abgeben können, die sie vorher nicht in Betracht gezogen haben.[50] Wissenschaftler haben verschiedene iterative kombinatorische Verfahren entworfen und nach Mechanismen

---

[46] Vgl. Rothkopf, S. 192 ff.
[47] Vgl. Milgrom, S. 298 f.
[48] Vgl. Cramton/Shoham/Steinberg, S. 5.
[49] Vgl. Bichler/Pikovsky/Setzer, S. 131.
[50] Vgl. Porter/Rassenti/Roopnarine et al., S. 11153.

geforscht, die wichtige ökonomische Eigenschaften wie Budgetausgeglichenheit, individuelle Rationalität, Strategiebeständigkeit und allokative Effizienz erhalten. Die aus Auktionen resultierende Komplexität für Bieter und Auktionator sollen minimal gehalten werden. Eine Schwierigkeit bei iterativen Mechanismen ist das Schwellwertproblem (engl. *threshold problem*).[51] Es beinhaltet die Erschwernis, gegen große Bündelgebote anzukommen. In einer Beispielauktion sind drei Bieter bereit, ihre Güter für 7€ aufgrund ihrer privaten Bewertung zu verkaufen. In der aktuellen Runde haben sie jeweils 8€ Geboten. Ein vierter Bieter hat in der selbigen Runde 22€ für das ganze Güterbündel geboten. Alleine kann keiner der drei Bieter das Gebot von Bieter 4 unterbieten, da ein einzelner Bieter mit 6€ unter seinen Kosten liegen würde. Eine Abstimmung unterhalb der Bieter wäre erforderlich, um den Gewinn von Bieter 4 zu vermeiden. In der Praxis ist das diffizil realisierbar. Die Suche nach der effizienten Allokation ist schwer umzusetzen.

In klassischen nichtkombinatorischen Auktionen gewinnt bei gleicher Höhe das Gebot, was zuerst abgegeben wurde. Die Eigenschaft mehrere Gebote zu beinhalten, die zu verschiedenen Zeiten eingehen, macht es bei gleichwertigen Allokationen kompliziert, den Gewinner zu ermitteln. In einer Auktionsrunde können zusätzlich Allokationen mit mehreren Geboten gleiche Gesamtwerte erzielen. Der Gebrauch von Zeitstempeln ist eine potentielle Lösung. Es gewinnt die Allokation, die den im Durchschnitt kleinsten Zeitstempel hat oder die als erstes eine reelle Zusammenstellung repräsentiert.[52]

Als dritte Schwierigkeit in offenen kombinatorischen Auktionen ist das Bloßstellungsproblem (engl. *exposure problem*) zu benennen. Zur Veranschaulichung sollen zwei komplementäre Güter *x* und *y* gekauft werden. Möchte ein Bieter eines der Güter verkaufen, kann es zu einem für den Käufer nicht befriedigenden Ergebnis kommen.[53] Für Lieferanten wäre es wünschenswert, dass wenn sie in einer neuen Runde Gebote abgeben, die Gebote für komplementäre Güter aus der letzten Runde noch gelten. Durch die Runden ist dieses Problem auf die iterative Verfahrensweise zurückzuführen. Ein Lösungsansatz hierfür ist die logische Verknüpfung von Geboten. Hierzu kommen sogenannte Biet-Sprachen (engl. *bidding languages*) zum Einsatz. Die Biet-Sprachen sollen die Gebote einfach und aussagekräftig darstellen.[54] Vor der Diskussion des Winner Determination Problem muss zuerst diese Darstellung von Geboten erläutert werden.[55]

---

[51] Vgl. Rothkopf/Pekec/Harstad, S. 1132.
[52] Vgl. Bichler/Pikovsky/Setzer, S. 131.
[53] Vgl. Porter/Rassenti/Roopnarine et al., S. 11153.
[54] Vgl. Nisan/Roughgarden/Tardos et al., S. 279.
[55] Vgl. Lehmann/Müller/Sandholm, S. 5.

2.3 Bidding Languages

Bidding Languages sind eine Darstellungsart von Geboten. Die Gebote sind in einer Gebotssprache ausgedrückt, durch die Bieter ihre Präferenzen (komplementäre und substitutionelle) für einen Teilausschnitt der Güter beschreiben.[56] Jeder Bieter kann ein Gebotspaar (S, p) abgeben, das als atomic bid bezeichnet wird. S ist eine mögliche Zusammenstellung aus den Gütern und p der Preis, den ein Bieter zu zahlen bereit ist. Die folgenden vorgestellten Sprachen sind die primären in kombinatorischen Auktionen genutzten. Das Verknüpfen der Gebote in einer Reihenfolge kann durch zwei Möglichkeiten aus der Semantik erfolgen. Eine erlaubt, dass alle Gebote als unabhängig voneinander betrachtet werden. Die andere erlaubt ein exklusives Gebot und schließt alle anderen aus.[57] Die erste Möglichkeit wird OR-Gebot („*additive-or*") genannt. Wenn die Gebote eines Bieters mit OR verknüpft sind, können alle diese Gebote Gewinner sein, soweit es die Allokation zulässt. Die Gebotsabgabe mit OR lässt sich formal $S = (S_1, p_1)$ OR (S_2, p_2) OR ... OR (S_k, p_k) darstellen.[58] Die XOR-Gebote („*exclusive-or*")[59] erlauben entgegengesetzt ein gewonnenes Gebot pro Bieter. Eine Zusammenstellung mit XOR verbundener Gebote $S = (S_1, p_1)$ XOR (S_2, p_2) XOR ... XOR (S_k, p_k) erlaubt ein Gebotspaar des Bieters, das gewinnt. Die Verwendung von XOR führt zu einer großen verknüpften Reihenfolge an Geboten, wenn ein Bieter seine Präferenzen voll abbilden möchte. Um die Prägnanz des Ausdrucks zu halten, gibt es eine dritte Biet-Sprache, die aus XOR und OR zusammengesetzten Geboten besteht. Eine mögliche Zusammenstellung kann den Aufbau $S = (S_1, p_1)$ OR $[(S_2, p_2)$ XOR $(S_3, p_3)]$ OR ... OR (S_k, p_k) haben.[60] Das Verwenden einer Biet-Sprache hat mehrere Vorteile. Als erstes kann jeder Bieter seine Präferenzen abbilden, was die ökonomische Effizienz erhöht. Weiterhin kann vertrauensvolles Bieten als dominante Strategie unter Benutzung des Vickrey-Clarke-Groves-Mechanismus erreicht werden. Zu berücksichtigen ist der Anstieg der Allokationskomplexität. Für die Berechnung des zu zahlenden Preises, müssen die optimalen Allokationen mit und ohne den Bieter berechnet werden. Das Winner Determination Problem bleibt vorhanden. Zusätzlich steigen die Anforderungen an die Benutzerschnittstelle des Systems.[61]

---

[56] Vgl. Lehmann/Müller/Sandholm, S. 297.
[57] Vgl. Nisan/Roughgarden/Tardos et al., S. 280.
[58] Vgl. Nisan, S. 6.
[59] Vgl. Cramton/Shoham/Steinberg, S. 7.
[60] Vgl. Sandholm, S. 43.
[61] Vgl. Bichler/Pikovsky/Setzer, S. 135.

3. Das Winner Determination Problem

Direkt übersetzt kann man Winner Determination Problem mit „Bestimmung der Auktionsgewinner"-Problem ausdrücken. Es ist eines der Hauptgründe, warum kombinatorische Auktionen trotz ihrer vorteiligen Eigenschaften in der Praxis nicht zur Anwendung kommen.[62] Der Einsatz nimmt mit der steigenden Anzahl an versteigerten Gütern ab. Auktionen mit kleineren Güterpaketen sind einfacher zu handhaben und wurden lange für Konkursverkäufe genutzt. Cassady (1967) führt verschiedene Beispiele der Vergangenheit auf, wo Bieter auf Teile eines Konkursverkaufs steigern und andere Bieter auf den ganzen Verkauf. Der Auktionator hat die Summe aller größten Gebote für die Individualgüter mit den Gesamtgeboten verglichen. Bei einer nicht kombinatorischen Auktion sollte die Entscheidung, welcher Bieter bekommt welches Gut, nicht schwer fallen. Mit dem Ziel der Ertragsmaximierung kann für jedes Gut einzeln das höchste Gebot herausgesucht werden. Die Rechenzeit oder der Aufwand, die für die Durchführung der Elementaroperationen zur Problemlösung nötig sind, wird als Laufzeit bezeichnet. Für die Quantifizierung der Laufzeit, kann man die *O-Notation* für grobe Aussagen nutzen.[63] In dem Fall der nicht kombinatorischen Auktion würde die Auswahl der Gewinnergebote *O(am)* in Anspruch nehmen. *a* entspricht der Anzahl der Bieter und *m* der Anzahl von Gütern. Die Komplexität ist linear in proportionaler Abhängigkeit zu den Problemgrößen *a* und *m*. Den Vickrey-Preis zu bestimmen, erfordert den gleichen Aufwand. Mit einer Laufzeit von *O(am)* kann das zweithöchste Gebot für jedes Gut gesucht werden.[64]

Bei kombinatorischen Auktionen ist die Ermittlung der Gewinner komplizierter. Wie dargestellt, ist das Ziel die Berücksichtigung und Abbildung individueller Präferenzen über mehrere Güter hinweg. Daraus resultiert eine grundlegende Frage, mit der sich bei der Betrachtung auseinandergesetzt werden muss.[65] Wie kann, bei einer gegebenen Zusammenstellung an Angeboten in einer kombinierten Auktion, die ertragsmaximierende Vereinigung von Gütern auf Basis der Angebote gefunden werden und dies nahe dem Optimum.[66] Dieser für den Auktionator maximale Erlös resultiert aus der Zusammenstellung von Angeboten, die die maximale Summe aus den Werten der Auktionsgewinner bildet. Auf Grundlage dieser Frage lässt sich das Winner Determination Problem (WDP) formulieren.

---

[62] Vgl. Milgrom, S. 298.
[63] Vgl. Fink/Schneidereit/Voß, S. 17.
[64] Vgl. Sandholm, S. 5.
[65] Vgl. Lehmann/Müller/Sandholm, S. 297.
[66] Vgl. Schwind/Stockheim/Rothlauf, S. 3.

3.1 Formulierung des WDPs

Zuerst muss die genutzte Notation definiert werden. Es gibt eine bestimmte Anzahl an Bietern $A = \{1,..., a\}$ und ein Angebot an Gütern $M = \{1,..., m\}$. Eine Zusammenstellung S ist ein bestimmtes Set aus Einheiten $S \subseteq M$. Für eine Zusammenstellung S und einem Bieter i wird durch $b_i(S) > 0$ das Gebot des Bieters i dargestellt, dass er für die Zusammenstellung S abgibt. Dies entspricht dem maximalen Preis, den Bieter i bereit ist für S zu bezahlen.[67] Der erste Schritt bei der Bestimmung des Gewinners ist die Erkenntnis, dass das höchste Gebot für jedes Güterbündel relevant ist. Formal ist:

$$\bar{b}(S) = \max_{i \in bidders} b_i(S)$$

Die Gebote jedes Güterbündels, die unter dem maximalen liegen, können gelöscht werden. Dies gilt entsprechend für negative Preisgebote. Ab sofort werden ausschließlich die nicht gelöschten Gebote berücksichtigt.[68] Es folgt das Problem der Gewinnerermittlung in einer kombinatorischen Auktion, mit dem Ziel den Erlös für den Auktionator zu maximieren:[69]

$$\max_{X} \sum_{S \in X} b(S)$$

X ist ein mögliches Ergebnis einer Allokation von Geboten. Jedes Gut ist einem einzelnen Bieter zugewiesen und nicht doppelt vergeben. Dies ist die Voraussetzung für eine realisierbare Allokation.[70] In Abbildung 13 (siehe Anlage) wird der zu durchsuchende Raum bei vier Gütern dargestellt, in dem jede Kombination von Gütern ein positives Gebot erhalten hat. Jede Kombination stellte eine mögliche Allokation von X dar.

$Z(m, q)$ entspricht der Anzahl an Allokationen mit q akzeptierten Geboten. In Abbildung 13 wird q durch den jeweiligen Level am Graphen dargestellt. $Z(m, q)$ ist als Stirling-Zahl zweiter Art bekannt.[71] Sie ist vergleichbar mit der Bellschen Zahl, welche die Anzahl der Partitionen einer Menge mit n-Elementen verkörpert.[72] Die Stirling-Zahl zweiter Art definiert die Anzahl einer Menge aus m-Elementen in q nichtleere disjunkte Partitionen. Die Anzahl an

---

[67] Vgl. Lehmann/Müller/Sandholm, S. 300.
[68] Vgl. Sandholm, S. 5.
[69] Vgl. Schwind/Stockheim/Rothlauf, S. 3.
[70] Vgl. Hoos/Stützle, S. 499.
[71] Vgl. Cargal, S. 2.
[72] Vgl. DeMaio/Touset, S. 1.

möglichen Zusammenstellungen steigt exponentiell mit dem Anwachsen der Anzahl von Bietern an. Mit der Stirling-Zahl kann die genaue Anzahl an möglichen Allokationen berechnet werden:

$$\sum_{q=1}^{m} Z(m,q)$$

Ein einfacher Ansatz zur Herleitung der Stirling-Zahl zweiter Art ist die Rekursion. Die Berechnung soll an einem Beispiel, dem Hinzufügen eines Objektes *Fred*, verdeutlicht werden. Der Term qZ(m − 1, q) rechnet das neue Gut auf die bestehenden Allokationen hinzu und ergibt die neue Anzahl an Allokationen. Mit Einschließung von Fred zu den Teilmengen, gibt es *Z(m − 1, q)* Möglichkeiten, die anderen *m − 1* Objekte in *q* Partitionen aufzuteilen. Die Auswahl in Größe von *q* basiert auf der Anzahl von *q* erlaubten Elementen in den berechneten Allokationen. Es gibt *q* Wahlmöglichkeiten Fred zu platzieren. Ein zweiter Term *Z(m - 1, q - 1)* berücksichtigt das neue Gut in einer eigenen Klasse. Dafür werden die bestehenden Allokationen mit vorher *m − 1* akzeptierten Geboten berechnet. Da in diesem Fall Fred allein steht, sind *q − 1* Partitionen möglich. Unter Berücksichtigung der erläuterten Terme ergibt sich die folgende rekursive Relation:[73]

$$Z(m,q) = qZ(m-1,q) + Z(m-1,q-1)$$

unter den Initialbedingungen *Z(m, m)* = *Z(m, 1)* = *1*.[74] Die Rekursion legt das Hinzufügen eines neuen Gutes zu einer vorhandenen Menge von *m − 1* Gütern dar.[75]

Bei der Entwicklung von Lösungsalgorithmen für das WDP wurden viele verschiedene Generatoren gleichverteilter Gebote entwickelt, um eine empirische Performance-Evaluation durchführen zu können. Die Verteilungen basieren auf probalistischen Modellen mit variierender Komplexität. Das Design der Generatoren ist an der Stirling-Zahl zweiter Art, mit jedem Gebot *b* = *Z(m, q)*, orientiert. In einem der einfachsten Fälle gibt es die gleiche festgelegte Anzahl an Gütern in jedem Gebot. Der Gebotspreis ist zufällig aus einem Intervall [0, 1] entnommen.[76]

---

[73] Vgl. Cargal, S. 2.
[74] Vgl. Sandholm, S. 6.
[75] Vgl. DeMaio/Touset, S. 2.
[76] Vgl. Hoos/Stützle, S. 501.

3.2 Resultierende Herausforderungen

Nicht auf allen Güterkombinationen aus Abbildung 13 müssen Gebote abgegeben worden sein. Unter Beachtung dessen stellt sich die wichtige Frage beim WDP nicht nach der Anzahl an möglichen Kombinationen der Güter, wenn auf alle Güter ein Gebot abgegeben wurde. Es wird versucht zu ermitteln, ob in polynomialer Laufzeit die optimale Zusammenstellung aus n Geboten gefunden werden kann. In polynomialer Zeit bedeutet, dass die Berechnung des Algorithmus höchstens polynomial mit der Größe der Eingabe von n wächst. Daraus ergibt sich die Komplexitätsklasse P. Dieser gehören alle Probleme an, die effizient lösbar sind. Für Probleme solcher Art existiert ein Algorithmus mit polynomialer Laufzeit.[77]

Das Problem im Winner Determination Problem ist äquivalent zum Rucksackproblem (engl. *Knapsack Problem*).[78] Beim Rucksackproblem gibt es ein festgelegtes Volumen b und m verschiedene Typen von Gegenständen. Die Gegenstände haben jeweils ein Volumen a_i und eine Bewertung $c_i, i \in \{1, ..., m\}$. Analog zum WDP werden die Gegenstände gesucht, die deren Gesamtbewertung maximieren, ohne das zulässige Gesamtgewicht zu überschreiten. Nicht verbal formuliert könnten zum Beispiel die Koeffizienten b die maximale Traglast und a_i das Gewicht eines Gegenstandes angeben.[79]

Das Rucksackproblem gilt als *NP*-vollständig. *NP* stellt eine Problemklasse dar, der ähnliche Probleme wie das WDP angehören. Die Berechnung dieser Probleme kann in polynomialer Laufzeit auf einer nichtdeterministischen Turing-Maschine durchgeführt werden. Das nichtdeterministische Erzeugen beinhaltet das Raten einer effizienten Lösung. Nach dem Raten erfolgt ein Abgleich der Lösung, ob alle Restriktionen eingehalten wurden. In NP sind viele Probleme enthalten, für die man bisher noch keinen effizienten Algorithmen gefunden hat. Wenn man von einem NP-schweren Problem spricht, gibt es keinen polynomialen Algorithmus, der das Finden einer optimalen Lösung garantiert.[80] Die bekannten Algorithmen benötigen einen exponentiellen Aufwand. Sollte man für eine Problemstellung wie das Rucksackproblem einen effizienten Lösungsweg finden, kann es für die restlichen Probleme in *NP* gleichbedeutend einen effizienten Algorithmus geben.[81]

Der Nachweis einer Existenz oder Nichtexistenz von effizienten Algorithmen für *NP*-schwere Probleme wurde noch nicht erbracht. Im Vordergrund steht die offene Frage, in welcher

---

[77] Vgl. de Vries/Vohra, S. 11
[78] Vgl. Rothkopf/Pekec/Harstad, S. 1136.
[79] Vgl. Scheithauer, S. 19.
[80] Vgl. Cramton/Shoham/Steinberg, S. 8.
[81] Vgl. Fink/Schneidereit/Voß, S. 21 f.

Beziehung die Komplexitätsklassen P und NP stehen. Mit dieser Frage beschäftigt sich die Informatik seit Jahrzehnten und die Antwort steht noch aus. $P = NP$ bedeutet, dass für jedes Problem mit einer als effizient verifizierten Lösung, diese Lösung ebenfalls effizient gefunden werden kann. Da die umfangreichen Forschungsergebnisse bezüglich $P = NP$ bisher erfolglos waren,[82] konzentrierten sich viele Wissenschaftler auf den Beweis von $P \neq NP$. Diese Forschung entwickelte sich zum wichtigsten Themengebiet in der theoretischen Informatik und einer der wichtigsten in der Mathematik.[83]

Der Grund liegt in der Konsequenz wenn $P = NP$. Wenn alle NP-schweren Probleme einfach lösbar wären, würde alles andere viel effizienter lösbar sein. In der Logistik könnte der Transport optimiert werden, ihn schneller und kostengünstiger durchzuführen. Eine andere Anwendung wäre die Verbesserung von Wettervorhersagen, was bei Naturkatastrophen wertvoll wäre. Die Ausführungen ließen sich noch weiter fortsetzen. Generell glauben Komplexitätstheoretiker eher an $P \neq NP$.[84]

Selbst mit dem Einsatz einfacher atomic bids als Biet-Sprachen ergibt sich ebenfalls ein NP-schweres Optimalisierungsproblem für die Gewinnerermittlung. Die besten bidding languages konnten diesen Umstand nicht reduzieren. Daraus kann gefolgert werden, dass die Komplexität unabhängig von der gewählten Biet-Sprache ist. Nichtsdestotrotz versucht man durch sie das Winner Determination Problem zu minimieren. Sie sollen durch eine bessere Informationswiedergabe die Algorithmen bei der Suche unterstützen.[85]

Man kann verschiedene Algorithmen zur exakten oder approximierten Suche der optimalen Allokation anwenden. Dazu wurden die vorhandenen Ansätze für kombinatorische Komplexität und neue spezialisierte Algorithmen auf das WDP angewandt. Man hat bei einigen Anwendungen eine gute Problemhandbarkeit erzielt. Die Lösungsfindung in Auktionen mit mehreren Dutzend Gütern und hunderten Geboten ist im Sekundenbereich durchführbar. Bei einer Auktion von Sears Logistics wurden durch Gebrauch einer geeigneten Stopp-Regel 850 Güter über eine kombinatorische Auktion versteigert.[86] Man hat eine auf der Steigerung der Einnahmen basierte Regel zwischen den Runden angewandt. Einige Auktionen überlassen die Entscheidung über das Stoppen der Versteigerung dem Auktionator. Eine andere Möglichkeit ist die Randomisierte Stopp-Regel.[87]

---

[82] Vgl. Fink/Schneidereit/Voß, S. 22.
[83] Vgl. Fortnow, S. 80 ff.
[84] Vgl. Lehmann/Müller/Sandholm, S. 14.
[85] Vgl. Nisan, S. 17.
[86] Vgl. Bichler/Pikovsky/Setzer, S. 131.
[87] Vgl. Kwasnica/Ledyard/John et al., S .6.

Bei Auktionen mit sehr vielen Bietern und vielen Gütern hat man die Verwendung von exakten Lösungsverfahren geprüft. Eines dieser Verfahren ist die Methode der Spaltengenerierung (engl. *column generation*), welche versucht die Anzahl an Aufrufen eines Masterproblems zu reduzieren. Dazu wird zuerst eine reduzierte Teilmenge der Variablen (Spalten) gelöst. Durch Vergleich des Subproblems mit Problemgrößen des Masterproblems wird entschieden, ob weitere Spalten im Masterproblem gebildet werden müssen.[88]

Eine Alternative zu exakten Lösungsverfahren bieten (Meta-)Heuristiken wie das Simulated Annealing. Bei der allokativen Effizienz im ökonomischen Sinn ist die optimale Allokation im mathematischen Sinne von Relevanz. Diesbezüglich gibt es Bedenken bei dem Einsatz von Heuristiken. Ihre Fähigkeiten der Effizienz sollten nicht unterschätzt werden. Ob die Bedenken gerechtfertigt sind, wird in den nächsten Kapiteln versucht, anhand der Vorstellung ausgewählter Heuristiken, zu ermitteln.

Neben dem WDP und der daraus resultierenden Zeitkomplexität des Ressourcenallokationsproblems, gibt es weitere Problembereiche, die bei kombinatorischen Auktionen auftreten.[89] Der Umgang mit Komplexität steht weiterhin im Vordergrund. Diese tritt in mehreren Gestaltungsformen auf. Eine ist die strategische Komplexität für Bieter.[90] Diese müssen für bis zu $2^m - 1$ Kombinationsmöglichkeiten der Güter Bewertungen abgeben, die an ihren Präferenzen orientiert sind.[91] Dies entspricht bei einer Auktion mit 10 Gütern einer Bewertung von $2^{10} - 1 = 1023$ Güterbündeln, wenn die Anzahl an möglichen Bündeln nicht eingeschränkt ist. Darauf aufbauend muss der Bieter die Strategie für die Gebotsabgabe entwickeln. Die Bewertungen können zum Beispiel von den Transportkosten des Bieters abhängen. Sollte er sich hierbei verrechnen oder nicht alle Kriterien berücksichtigen, können ineffiziente Ergebnisse die Folge sein. Eine Möglichkeit, diesem Problem zu begegnen, ist die Restriktion von Güterkombinationen, welche für die Bieter verfügbar sind. Hier kommt der Einsatz von Biet-Sprachen in Frage.[92]

Einen dritten Problembereich beschreibt die Kommunikationskomplexität, die die Anzahl der ausgetauschten Nachrichten zwischen Auktionator und Bieter beschreibt. In einem Auktionsmodell, in dem ein Auktionator Preise für jedes Güterbündel kommuniziert, kann die Nachrichtenanzahl im schlechtesten Fall exponentiell mit der Anzahl der Güter steigen.[93]

---

[88] Vgl. Görtz/Klose, S. 493 f.
[89] Vgl. Bichler/Pikovsky/Setzer, S. 131.
[90] Vgl. Rothkopf/Pekec/Harstad, S. 1137.
[91] Vgl. Cramton/Shoham/Steinberg, S. 7.
[92] Vgl. de Vries/Vohra. S. 5.
[93] Vgl. Bichler/Pikovsky/Setzer, S. 129.

4. Lösungsansätze in Form von Heuristiken

Bei der Erläuterung zu *NP*-schweren Problemen wurde definiert, dass für effizient lösbare Probleme ein polynomialer Algorithmus existiert. Die Lösung soll genau bestimmt und dem Optimum gleich sein. Die Suche nach dem Optimum kann eine große Herausforderung nach sich ziehen, sowohl aus theoretischer als auch aus praktischer Sicht. Selbst die Nutzung leistungsfähiger Rechensysteme hat irgendwann ihre Grenze erreicht. Um für die Praxis ein befriedigendes Ergebnis liefern zu können, bedient man sich in der Regel der Vernachlässigung des Anspruchs auf ein Optimum.

Hier kommen approximierte Verfahren zum Einsatz, die sogenannten Heuristiken. Diese können keine Garantie für ein optimalen Ergebnisses geben. Sie bieten regelmäßige suboptimale Lösungen.[94] Die Lieferung eines guten Ergebnisses, in polynomialer Rechenzeit, ist möglich. Es gibt keine Garantie einer effizienten Lösung in polynomialer Zeit, selbst wenn die Heuristik für ein anderes *NP*-schweres Problem ein entsprechendes Ergebnis erzielt hat.[95]

Mit Heuristiken lassen sich für gewisse Anwendungsgebiete zulässige Lösungen mit der Garantie bestimmen, dass diese höchstens 1% vom Optimum abweichen.[96] Da eine mit Aussicht auf Erfolg durchzuführende Suche des optimalen Ergebnisses zum Teil gar nicht möglich ist, können die ermittelten Werte in der Praxis ausreichen. Insbesondere wenn man den Aspekt hinzuzieht, dass Ungenauigkeiten bei der Modellierung oder Dateneingabe möglich sind. Die Entwicklung effizienter Algorithmen und Heuristiken für Erfüllbarkeitsprobleme kann einen wesentlichen Ansatz für die Lösung des Winner Determination Problems beitragen.[97]

Heuristiken sind angelegt, um auf ein spezielles Optimierungsproblem angewandt zu werden. Angelehnt daran gibt es Algorithmen, die eine abstrakte Folge von Schritten zur Problemlösung anbieten, die sogenannten Metaheuristiken.[98] Theoretisch können sie nach einer problemspezifischen Anpassung auf beliebige Optimierungsherausforderungen übertragen werden. Nach der Anpassung handelt es sich wieder um Heuristiken, da sie nur für das spezielle Problem gelten. Ein einfacher Greedy-Algorithmus kann zu den Heuristiken zugeordnet werden. GRASP und das Simulated Annealing sind Metaheuristiken.[99]

---

[94] Vgl. Hart/Shogan, S. 107.
[95] Vgl. Kirkpatrick/Gelatt/Vecchi, S. 671.
[96] Vgl. Fink/Schneidereit/Voß, S. 22.
[97] Vgl. Pitsoulis/Resende, S. 2.
[98] Vgl. Voß, S. 1.
[99] Vgl. Schwind/Stockheim/Rothlauf, S. 2.

Es gibt mehrere Möglichkeiten die Leistungsfähigkeit von Heuristiken zu verbessern. Eine ist die *Nutzung von mehreren verschiedenen Heuristiken*, anstatt einer. Man erhält eine Vielzahl unterschiedlicher suboptimaler Lösungen. Daraus lässt dich dann die beste Lösung auswählen. Eine weitere Möglichkeit ist die *Nutzung mathematischer Funktionen* zur Steuerung der Heuristiken. Die Entscheidung, die von der Heuristik an jeder Schleife oder nach jedem Schritt getroffen wird, ist im Regelfall von mathematischen Funktionen abhängig, welche die Problemdaten zur Folge haben. Wie bei der Variation der Heuristik, kann eine Variation der mathematischen Funktionen mehrere suboptimale Lösungen generieren, woraus dann die beste Lösung ausgewählt wird. Das *Zurückkehren zu einer Teillösung und erneute Anwenden der Heuristik* ist eine dritte Möglichkeit, die Leistungsfähigkeit zu erhöhen. Nachdem man mit einer Heuristik eine suboptimale Lösung erhalten hat, ist es vereinzelt möglich, zu einer Teillösung zurück zu kehren. Ein nochmaliges Anwenden des Algorithmus kann zu einem zur vorherigen Lösung verschiedenen Ergebnis führen. Nach mehrmaliger Durchführung lässt sich die beste suboptimale Lösung auswählen.

Eine andere Verfahrensweise ist die *Störung der Daten und Wiederaufnahme der Heuristik*. Anstatt die Approximationsalgorithmen fixiert auf die Originaldaten anzuwenden, können sie nach einer kleinen Störung der Daten ausgeführt werden. Schließlich erfolgt auch hier die Selektion der besten suboptimalen Lösung. Eine fünfte Möglichkeit ist das *Randomisieren in der Heuristik*. Bei dem Randomisieren werden Zufallsmechanismen in die Algorithmen implementiert. Es gibt mehrere Varianten, wo es in der Methode erfolgen kann. Eine wäre die Verwendung bei einem beliebigen Ausgangspunkt oder Startpunkt (engl. *seed*). Durch eine zufallsbasierte Auswahl des Startpunktes, können mehrere suboptimale Ergebnisse erzielt werden. Wie bei den anderen Möglichkeiten werden hier mehrere Lösungen gesucht, um dann die beste auswählen zu können. Das Randomisieren ist ein Aspekt, der bei den nachfolgenden GRASP-Verfahren und Simulated Annealing seine Anwendung findet.[100]

Bei den Lösungsansätzen muss erwähnt werden, dass nicht für alle kombinatorischen Probleme der Einsatz von Heuristiken notwendig ist. Ein bekanntes Beispiel ist das Problem des kürzesten Pfades (engl. *Shortest Path Problem*).[101] Mit einem einfachen rekursiven Berechnungsschema von paarweisen Instanzen kann das Problem effizient in polynomialer Zeit gelöst werden. Ähnliche Algorithmen, die auf der dynamischen Programmierung basieren, gibt es für andere kombinatorische Probleme. Es lässt sich zusammenfassen, dass nicht alle kombinatorischen Problem *NP*-schwer lösbar sind.

---

[100] Vgl. Hart/Shogan, S. 107 f.
[101] Vgl. Hoos/Stützle, S. 26.

4.1 Der Greedy-Algorithmus

Der Greedy-Algorithmus lässt sich wortwörtlich mit gieriger oder gefräßiger Algorithmus übersetzen. Der Grundgedanke ist die Konstruktion einer Teillösung und das Schrittweise hinzufügen einer neuen Komponente. Der Grund für die Beliebtheit des Algorithmus liegt in seiner Einfachheit. Es ist die „einfache" Eigenschaft, die hinter der Idee von Greedy steckt. Das generelle Verfahren lautet: Bestimme einzeln die Werte aller Variablen in einer Entscheidung und übernehme den besten Wert. Die Wahl der im Einzelschritt besten Alternative gibt dem Algorithmus den Namen „Greedy".[102] Aufgrund der Funktionsweise kann das Verfahren als kurzsichtig bezeichnet werden. Die Auswahl des Optimums bei jeder Einzelentscheidung muss nicht dem Optimum aller Lösungen entsprechen.[103]

Ein einfaches Beispiel für das Greedy-Verfahren ist das Kassierer-Problem. Die meisten Kassierer sind dazu angehalten, dem Kunden beim Wechselgeld in Abhängigkeit der vorhandenen Münzen, so wenige Münzen wie möglich heraus zu geben. Nahezu intuitiv beginnen die Kassierer schrittweise die nächsthöhere Münze auszuzahlen, ohne den Restbetrag zu überschreiten. Sollten dem Kassierer zum Beispiel Cent-Stücke in Höhe von 50, 20, 10, 5 und 1 zur Verfügung stehen, würde er bei einem Rückzahlungsbetrag von 94 Cent zuerst 50, dann zweimal 20 und viermal 1 Cent-Stück herausgeben.[104]

Die Einzelschritte besitzen die drei Eigenschaften *Gültigkeit*, *lokales Optimum* und *Unumkehrbarkeit*. Sie müssen gültig sein mit Bezug auf die Bedingungen der Problemstellung. Bei jedem Schritt wird zum Zeitpunkt der Wahl von allen gültigen Optionen die beste lokale Wahl getroffen. Die Schritte können ein einziges Mal durchgeführt und nicht mehr abgeändert werden. Das ergibt die Unumkehrbarkeit.

Diese Prinzipien sind bei allen Greedy-Algorithmen gleich. Es gibt verschiedene Varianten, in denen unterschiedliche Kriterien für die Wahl der Greedy-Komponente zur Anwendung kommen.[105] Es folgt eine mögliche Greedy-Methode für die Implementierung.[106] Erzeugt wird eine leere Lösung s_p. Solange s_p keine echte Allokation ist, in der alle Güter vergeben sind, wird die nächste Greedy-Komponente c zur Teillösung s_p hinzugefügt. Eine Greedy-Komponente kann der nächsthöhere Wert in der Reihenfolge von Güterbündeln sein, dessen Güter nicht in der bestehen Lösung vorkommen.

---

[102] Vgl. Schwind/Stockheim/Rothlauf, S. 3.
[103] Vgl. Zbigniew/Fogel, S. 87.
[104] Vgl. Levitin, S. 307f.
[105] Vgl. Hoos/Sützle, S. 370.
[106] Vgl. Stützle, S. 61.

Zurückgegeben wird die Greedy-Lösung s, der s_p zugewiesen wurde. Zur Veranschaulichung ein Greedy-Pseudocode in Abbildung 1.

Abbildung 1: Greedy-Pseudocode[107]

```
procedure Greedy
    s_p ← leere Lösung
    while s_p ist keine vollständige Lösung von s do
        c ← GreedyKomponente(s_p)
        s_p ← s_p ∩ c
    end while
    s = s_p
    return s
end
```

Die Performance der Heuristiken lässt sich im Vergleich untereinander messen. In der Vergangenheit durchgeführte Experimente haben dem Greedy-Algorithmus gute und schlechte effiziente Eigenschaften in der Leistung mit relativ geringer Rechenzeit nachgewiesen.[108] Durch den Determinismus wird ihm ein Nachteil angelastet, der bei allen deterministischen Methoden wiederzufinden ist. Die gesamte Konzentration liegt während eines Schrittes auf einer einzigen Aktion. Die Vermutung wurde angestellt, dass ein Aufbrechen der Konzentration auf alle zum Zeitpunkt besten Aktionen eine bessere Performance erzielen kann. Der Einbau eines Zufallsprinzips soll dazu beitragen. Diese Überlegung leitet über zum GRASP-Verfahren.[109]

Die Ausbaufähigkeit vom Greedy-Algorithmus zeigt, dass es weitere Modifikationen geben kann, die Leistungsfähigkeit auszubauen und bessere Lösungen zu erzielen. Die Entwicklung neuer Heuristiken ist möglich. Eine Entfernung vom eigentlichen Algorithmus kann die Folge sein, was Einfluss auf die Einfachheit von Greedy hat. Auf der anderen Seite wird Greedy genutzt, um die Effizienz anderer Heuristiken auszubauen. In dem Implementierungsansatz dieser Arbeit wurde er eingesetzt, um das Konzept Simulated Annealing laufzeiteffizienter gestalten zu können. Ähnliche Ideen für den Einsatz von Greedy-Algorithmen lassen sich in der Literatur wiederfinden.[110]

---

[107] Vgl. Stützle, S. 61.
[108] Vgl. Schwind/Stockheim/Rothlauf, S. 1.
[109] Vgl. Nisan/Roughgarden/Tardos et al., S. 84.
[110] Vgl. Hoos/Stützle, S. 78.

4.2 Das GRASP-Verfahren

GRASP entspricht der Abkürzung für Greedy Randomized Adaptive Search Procedure. Die Bezeichnung des Algorithmus setzt sich aus seinen Eigenschaften *Greedy*, *Randomization* und *Adaptive* zusammen. Die Funktionsweise des Greedy-Algorithmus wurde erläutert. Bei GRASP wird er um wesentliche Punkte erweitert. Einer dieser Punkte ist die *Randomisierung*, bei der die Überlegungen von Semi-Greedy Konstruktions-Heuristiken ihre Anwendung findet.[111] Semy-Greedy werden Greedy-Algorithmen genannt, auf die das in dem Teil Leistungsfähigkeitssteigerung von Heuristiken genannte Verfahren der Randomisierung angewendet wurden. Zunächst erstellt man eine Kandidatenliste (engl. *restricted candidate list* Abk. *RCL*), die einen Auszug der bestmöglichen Lösungen enthält. Aus diesen wird eine zufallsbasierte Komponente ausgewählt und der bisherigen Teilmenge hinzugefügt.[112] Beschränkt man die Kandidatenliste auf eins, ergibt sich das Ergebnis der Greedy-Lösung. Man kann GRASP als verallgemeinerte Form von Greedy betrachten. Entgegengesetzt kann die Randomisierung der Auswahl zu einem anderen Ergebnis als bei Greedy führen. Da Greedy nicht immer das optimale Ergebnis findet,[113] besteht die Möglichkeit durch GRASP eine bessere Lösung zu finden. Wie bei einer Großzahl deterministischer Methoden kann GRASP kein Optimum garantieren. Mit Bezug auf die Länge der Kandidatenliste, muss das erste Element der optimalen Allokation nicht im Bereich der Liste liegen.[114]

Der dritte Baustein *Adaptive* (flexibel, anpassungsfähig) beschreibt die Aktualisierung der Kandidatenliste, nach der Auswahl einer Teillösung. Sie wird mit neuen Kandidaten aufgefüllt und die Lücken geschlossen. Zusammengefasst versucht man mit GRASP die Vorteile von Semi-greedy Heuristiken zu nutzen, um verschiedene voneinander unabhängige Startlösungen für den nachfolgenden Suchalgorithmus zu generieren.[115]

Es folgt ein Beispiel eines Pseudocodes für die GRASP-Methode. Im ersten Schritt werden alle Parameter initialisiert. Dazu gehört die für den Algorithmus wichtige Länge der Kandidatenliste. Ein Schleifen-Kriterium kann die Festlegung einer bestimmten Anzahl sein, wie oft der GRASP-Algorithmus durchlaufen werden soll. Daraus lässt sich ableiten, dass die Laufzeit in dem Fall proportional mit der Anzahl der Schleifendurchläufe ansteigt. In der Greedy-Random-Lösung wird die Kandidatenliste festgelegt. Eine Möglichkeit ist eine Reihenfolge mit Greedy zu bestimmen.

---

[111] Vgl. Pitsoulis/Resende, S. 2.
[112] Vgl. Resende/Ribeiro, S. 2.
[113] Vgl. Zbigniew/Fogel, S. 87.
[114] Vgl. Feo/Resende, S. 112.
[115] Vgl. Hoos/Stützle, S. 91.

Dann wird schrittweise ein Element zufallsbasiert aus der Kandidatenliste ausgewählt und einer Teillösung hinzugegeben. Gleiche Voraussetzung ist wieder, dass das Gut noch nicht vergeben ist. Die Liste wird nach jedem Schleifendurchlauf aufgefüllt. Ist der Gesamtwert der konstruierten Lösung s höher als bei der derzeit angenommenen besten Allokation s_{best}, wird die neue Lösung als beste übernommen. Das vorgestellte Verfahren in Form des Pseudocodes ist in Abbildung 2 ersichtlich.

Abbildung 2: GRASP-Pseudocode[116]

```
procedure GRASP
    InitialisierungsParameter
    while schleife kriterium do
        s ← KonstruiereGreedyRandomLösung()
        if(f(s') < f(s_best))
            s_best ← s
    end
    return s_best
end
```

Anzumerken ist, dass es bei GRASP verschiedene Verfahrensmuster gibt, wie die Randomisierung genutzt werden kann. Die beste Lösung von GRASP nach einem Durchlauf ist oftmalig besser, durchschnittlich schlechter, als bei Greedy. Durch viele Wiederholungen von GRASP werden überwiegend bessere Lösungen als bei Greedy gefunden. Ein Nachteil bei GRASP kann die Unabhängigkeit der Iterationen untereinander sein.[117] Eine Iteration lernt nicht aus den vorangegangenen Iterationen. Da sich die Wege der Funktion nicht gemerkt werden, ist es wahrscheinlich, dass ein und dieselbe Lösung mehrfach gefunden wird. Um diesem Problem zu begegnen kann GRASP weiter angepasst werden.

Eine von mehreren Varianten ist ein anpassungsfähiges GRASP (engl. *Reactive GRASP*).[118] Die Idee ist, dass die Länge der Kandidatenliste nicht fest bestimmt sein muss und bei jeder Iteration aus einer Liste möglicher Werte ausgewählt werden kann. Die Auswahl erfolgt in Abhängigkeit von den Wertermittlungen aus vorangegangenen Iterationen. Der reaktive Ansatz erlaubt, GRASP robuster und mit einer verbesserten Lösungsqualität auszuführen.[119]

---

[116] Vgl. Stützle, S. 54.
[117] Vgl. Nisan/Roughgarden/Tardos et al, S. 84.
[118] Vgl. Resende/Ribeiro, S. 10 f.
[119] Vgl. Pitsoulis/Resende, S. 3.

4.3 Simulated Annealing

Das Simulated Annealing gehört zu der Klasse der ersten SLS Methoden (Abk. für *stochastic local search*), die als Grenzwertalgorithmen (engl. *threshold algorithms*) bekannt sind. Diese Klasse spielt eine spezielle Rolle, da sie gute Ergebnisse für viele praktische Probleme lieferte.[120] Die traditionellen Problemlösungsstrategien unterscheiden sich in einem wichtigen Punkt. Ein Teil der Strategien liefern die Garantie, dass sie das globale Maximum (über alle Werte gesamt) finden, andere können das nicht und finden teilweise ein lokales Optimum. Bei der Entscheidung welche Strategie man anwendet trifft man auf einen Konflikt. Entweder man entscheidet sich für die Garantie des globalen Optimums, hat dann eine Strategie die zu viel Aufwand (u.a. Laufzeit) für normale Lebensprobleme braucht. Oder man bevorzugt die praktikableren Verfahren, die dann zum Steckenbleiben im lokalen Optimum tendieren. Da es noch keine Möglichkeit gibt, Algorithmen zu beschleunigen und damit große *NP*-schwere Probleme zu lösen beschäftigt man sich mit der Option, dass Algorithmen aus einem lokalen Optimum entkommen können.[121] Durch Simulated Annealing wird versucht, lokale Optima zu vermeiden, in dem in Abhängigkeit von bestimmten Parametern eine schlechtere Teillösung ausgewählt wird. Mittlerweile zählt die Methode aufgrund vieler Anwendungsbereiche und guter konvergenter Ergebnisse zu den ausgereiften Methoden.[122] Sie ist relativ einfach zu implementieren und basiert auf der Idee des physikalischen Ausglühens von Metallen.[123]

Ausglühen ist ein thermaler Prozess, um Metall durch langsame Abkühlung in ein energetisches Gleichgewicht zu bringen. Dazu wird im ersten Schritt ein fester Körper erhitzt, bis er schmilzt. Anschließend erfolgt eine langsame Temperaturverringerung, bis der Grundzustand des Körpers erreicht wird. Mit Grundzustand ist hier das minimalste Energieniveau gemeint. Durch die Energiezufuhr in Form von Wärme kann eine Veränderung von energetisch ungünstigen Atomstrukturen erreicht werden. Für die Mechanik ist dann weiter relevant, ob die Atome auf diesem Level einen festen oder flüssigen Zustand bilden. Sollten er fest sein, ist die Art der Struktur interessant. Wird nicht langsam genug abgekühlt und das energetische Gleichgewicht verlassen, entstehen Kristalle mit Rissen oder Glas ohne kristalline Strukturen. Das Finden des Grundzustandes stellt ein Optimierungsproblem dar. Diesen Ausglühens-Prozess hat man versucht mit Computern zu simulieren.

---

[120] Vgl. Aarts/Korst/van Laarhoven, S. 91.
[121] Vgl. Michalewicz/Fogel, S. 115.
[122] Vgl. Kirkpatrick/Gelatt/Vecchi, S. 679.
[123] Vgl. Hoos/Stützle, S. 76.

Der Metropolis-Algorithmus ist ein erster Ansatz zur Simulation des Annealing Prozesses und wurde von Nicholas Metropolis et al. 1953 publiziert.[124] Relevant für die Überlegungen in dieser Veröffentlichung ist als erstes ein Energielevel E, das eine Zusammenstellung von Atomen in einem Körper hat. Dann wurde ein Zustand r bestimmt, der die Zusammenstellung der Atome kennzeichnet. Für den Zustand r hat man das Energielevel E_r gemessen. Anschließend wurde ein zu vergleichender Zustand s mit dem Energielevel E_s über den Einsatz von Störfaktoren bestimmt. Aus den unterschiedlichen Energiezuständen hat man die Veränderung der Energie ΔE berechnet. ΔE entscheidet ob die neue Zusammenstellung akzeptiert wird. Primärer Faktor ist hierbei ob das Energieniveau bei der neuen Zusammenstellung kleiner ist. Wenn das Energielevel E_s kleiner als E_r ist, ergibt sich $\Delta E \leq 0$. In diesem Fall wird der Zustand s mit neuem minimalem Energiezustand übernommen. Ist $E_s - E_r > 0$ wird Zustand s nur anhand einer Wahrscheinlichkeitsfunktion angenommen. Diese ist abhängig von ΔE, von der Boltzmann-Konstante und von der Temperatur. In der Metropolis-Methode werden Atomkonfigurationen mit einer Wahrscheinlichkeit $P(\Delta E)$ von[125]

$$\exp\left(-\frac{E_r - E_s}{kT}\right)$$

übernommen und ausgeglichen gewichtet. Sie basiert auf einem modifizierten Monte-Carlo-Schema und ist als Metropolis-Kriterium bekannt.[126] Im Unterschied zu Metropolis wird bei Monte-Carlo die Konfigurationen zufallsbasiert übernommen und mit $\exp(-\Delta E / kT)$ gewichtet. Der Parameter k kennzeichnet die Boltzmann-Konstante, das T die Temperatur. Die Boltzmann-Konstante wird für die Berechnung der mittleren thermischen Energie zum Beispiel von Gasen in Abhängigkeit von der Temperatur genutzt.

Zum Vergleich wurden ausgeglichene Zufallszahlen aus dem Intervall (0, 1) in den Algorithmus implementiert. Eine der Zahlen hat man entnommen und mit dem Wert von $P(\Delta E)$ verglichen. Aus der Funktion lässt sich ablesen, dass mit sinkender Temperatur die Wahrscheinlichkeit ebenfalls sinkt.[127] Ein zu großer Unterschied der Energielevel senkt die Möglichkeit, dass s übernommen wird. Durch Wiederholung der Hauptschritte, kann die thermale Bewegung von Atomen in einem Wärmebad zur Temperatur T simuliert werden.

[124] Vgl. Metropolis/Rosenbluth et al., S. 1087 ff.
[125] Vgl. Aarts/Korst/van Laarhoven, S. 97.
[126] Vgl. Hajek, S. 311.
[127] Vgl. Michalewicz/Fogel, S .119.

Verringert man langsam die Temperatur, kann der feste Körper ein thermales Gleichgewicht erreichen. Das thermale Gleichgewicht kann durch die Boltzmannverteilung dargestellt werden, welche die Wahrscheinlichkeit eines Stoffes im Zustand r, mit der Energie E_r in Beziehung zur Temperatur T, mit der Funktion[128]

$$P_T\{X = r\} = \frac{\exp(-E_r / kT)}{\sum_s \exp(-E_s / kT)}$$

stellt. X ist eine zufällige Variable, die den derzeitigen Stoffzustand kennzeichnet. Die Summierung erweitert auf alle möglichen Zustände.

Das physikalische System kann auf das Kombinatorische Optimierungsproblem übertragen werden. Die Zustände der Körper entsprechen den möglichen reellen Lösungen. Das Energielevel der Zustände dem Gesamtnutzenwert der Lösung. Der Grundzustand des Körpers mit niedrigstem Energieniveau kann durch das optimale Ergebnis ausgedrückt werden. Die Temperatur ist der Kontrollparameter und wird weiterhin als Temperatur benannt.[129]

Die Vorgehensweise des Ausglühens wird durch Simulated Annealing auf das Optimierungsproblem angewandt.[130] Das Ziel ist die Barrieren von lokalen Optima durch thermodynamische Systeme überwinden zu können. Zuerst soll der Algorithmus eine reelle Nachbarlösung $s\,'$ generieren. Sucht man nach dem Kostenminimum, stellt $f(s)$ die Kostenfunktion in Abhängigkeit von s dar. Beim Vergleich von $f(s)$ und $f(s\,')$ wird $s\,'$ als neue Lösung übernommen wenn die Kosten bei $f(s\,')$ geringer ausfallen. Ist $f(s\,') > f(s)$ wird die Entscheidung, ob $s\,'$ übernommen wird, über die Funktion des Annealing Prozesses berechnet. Diese Entscheidung ist ebenso von der Differenz der anfallenden Kosten und dem Kontrollparameter T (Temperatur) abhängig.[131]

Es folgt eine bespielhafte Vorgehensweise, wie Simulated Annealing implementiert werden kann. Als erstes wird der Startwert der Temperatur T_0 festgelegt. Mit dem Parameter n sollen die Schritte von T gekennzeichnet werden. Im Anschluss generiert man eine zufällige Lösung s, die alle Bedingungen (jedes Gut nur einmal vorhanden, alle Güter vergeben) erfüllt. s wird als derzeit beste Lösung s_{best} übernommen. Wie oft der Algorithmus mit der gleichen Temperatur durchlaufen werden soll, bestimmt das innere Schleife-Kriterium.

---

[128] Vgl. Aarts/Korst/van Laarhoven, S. 97.
[129] Vgl. Michalewicz/Fogel, S. 121.
[130] Vgl. Kirkpatrick/Gelatt/Vecchi, S. 672.
[131] Vgl. Hoos/Stützle, S. 76.

Diese Schleife allein gibt ein lokales Optimum zurück. Das äußere Schleife-Kriterium setzt den Endpunkt des Algorithmus fest. Es kann ein Abfallen der Akzeptanzrate unter einem kritischen Wert sein, oder keine Verbesserung der Lösung über eine festgelegte Anzahl von Schleifen.[132] Über die Generierung einer zufälligen Nachbarlösung s' und dem Abgleich mit dem Akzeptanz-Kriterium, wird geprüft, ob sich eine Allokation mit vermehrtem Nutzen bilden ließ. Wenn ja, übernimmt s_{best} die Nachbarlösung s. Zur Veranschaulichung in Abbildung 3 der beispielhafte Pseudocode für das Simulated Annealing.

Abbildung 3: Pseudocode für das Simulated Annealing[133]

```
procedure Simulated Annealing
    n ← 0, setze start temperatur T₀
    s ← GeneriereInitialisierungsLösung; s_best ← s
    while äußere schleife kriterium do
        while innere schleife kriterium do
            s' ← GeneriereNachbarLösung(s)
            s ← AkzeptanzKriterium(Tₙ, s, s')
            if(f(s) < f(s_best))
                s_best ← s
        end
        Tₙ₊₁ ← AktualisiereTemp(Tₙ), n ← n+1
    end
    return s_best
end
```

Für das Akzeptanz-Kriterium wird oft das bereits erläuterte Metropolis-Kriterium verwendet.[134] Wenn $f(s') \leq f(s)$, dann wird s' akzeptiert. Ist aber im Gegenteil $f(s') > f(s)$, wird s' nur mit einer Wahrscheinlichkeit von

$$\exp\left(-\frac{f(s') - f(s)}{T}\right)$$

akzeptiert.

[132] Vgl. Hoos/Stützle, S. 77.
[133] Vgl. Stützle, S. 10.
[134] Vgl. Aarts/Korst/van Laarhoven, S. 91.

Wie bei jedem anderen Suchalgorithmus, müssen beim Simulated Annealing grundlegende Fragen beantwortet werden, um funktionieren zu können.[135] Das fängt mit der Frage über die Verfahrensweise bei der Generierung der Nachbarlösung an. Im Regelfall erfolgt diese über eine zufallsbasierte Suche, bis eine reelle Lösung gefunden wurde. Als Konsequenz ist ein hoher Rechenaufwand sehr wahrscheinlich. Eine andere Variante wäre eine systematische Generierung der Lösung.

Gleichzeitig sind die anderen Parameter nicht endgültig festgelegt. Die Temperatur T_0 kann zum Beispiel aufgrund statistischer Überlegungen von Kosten oder Akzeptanzraten bestimmt werden. Die Temperaturfunktion beschreibt den Abkühlungsplan (engl. *cooling schedule* oder *annealing schedule*), wie sich T während der Schritte verändert. Für diese könnte man einen geometrischen Verlauf ansetzen, zum Beispiel mit $T = a \cdot T$. Ein anderer Ansatz ist ein dynamischer Abkühlungsplan.[136] Hajek hat sich mit verschiedenen Varianten, die das Abkühlen optimieren sollen, beschäftigt und veröffentlicht.[137]

In vielen Versuchen hat ein einfacher Simulated Annealing Algorithmus gute Ergebnisse geliefert, wie zum Beispiel bei den durchgeführten Experimenten von Černý (1985).[138] Er führte das auf die Natur zurück. Seine Algorithmen simulieren, was die Natur tut um ein komplexes System in ein Gleichgewicht zu bringen. Da es eine große Variationsvielfalt des Algorithmus gibt und sich viele Implementationen im Detail unterscheiden, halten sich Wissenschaftler wir Aarts et al. mit einem näheren Urteil zurück.

Im Vergleich zu den vorgestellten Heuristiken wurde dem Simulated Annealing in Versuchen eine bessere Performance von bis zu 20% nachgewiesen, als bei einem einfachen Greedy-Algorithmus. Die Implementierung eines zufallsbasierten Schlüssels zur Codierung konnte die Qualität der Ergebnisse weiter steigern. Dem Ansatz von Simulated Annealing wurde ein im Vergleich höherer benötigter Aufwand bei der Suche nachgewiesen. Die Konsequenz ist eine längere Rechenzeit als bei einfachen Methoden. Für praktische Probleme soll die absolute Rechenzeit ausreichend sein.[139] Die Praktikabilität nimmt mit der Reduzierung der Abkühlungsgeschwindigkeit ab. Wie Greedy kann Simulated Annealing eingesetzt werden, um andere Heuristiken effizienter zu gestalten. Entgegengesetzt ist die vorgestellte Metaheuristik an vielen Stellen optimierbar.[140]

---

[135] Vgl. Michalewicz/Fogel, S. 121.
[136] Vgl. Aarts/Korst/van Laarhoven, S. 114.
[137] Vgl. Hajek, S. 311 ff.
[138] Vgl. Černý, S. 45 ff.
[139] Vgl. Schwind/Stockheim/Rothlauf, S. 1.
[140] Vgl. Hoos/Stützle, S. 78.

5. Implementierungsansatz der Algorithmen

Um die theoretischen Überlegungen zu testen wurde im Rahmen dieser Bachelorarbeit auf Basis der Programmiersprache C# 4.0 ein Programm zur Simulation einer kombinatorischen Auktion implementiert. Vor einer Präsentation der Ergebnisse aus den Versuchen sollen zuerst die Auktionsumgebung, eine grobe Funktionsweise und die implementierten Verfahrensweisen erläutert werden. Dies ist von Relevanz, da die Resultate der Experimente stark von diesen Parametern abhängig sind, wie im theoretischen Teil erläutert wurde. Die Aussagen, die speziell über Rechenzeit und Ergebniswertigkeit gemacht werden, beziehen sich ausschließlich auf die hier vorgestellte Implementierung. Die Quellcode-Auszüge sollen bei der Erläuterung der Algorithmen unterstützen.

5.1 Die Auktionsumgebung

Den Schwerpunkt dieser Arbeit bilden die Heuristiken für das Winner Determination Problem. Zur Konzentration hierauf wird vernachlässigt, dass Bieter eine Strategie zur Verschleierung der wahren Präferenzen verfolgen können und dass der gebotene Preis von dem tatsächlich gezahlten Preis bei manchen Mechanismen abweicht. Es handelt sich um eine geschlossene Auktion. Die Werteinschätzung von Güterbündeln erfolgt ohne Kenntnis der Präferenzen anderer Bieter. Im Sinne des Bestpreis-Verfahrens sollen die Bieter gewinnen, die nicht den höchsten Preis für ein Bündel bieten, sondern den Wert der Allokation maximieren.

In der implementierten Auktionsumgebung wird zuerst das Angebot an Güterbündeln in Abhängigkeit von der Güteranzahl erzeugt. Unter Annahme, dass Bieter bei einem Güterbündel mit mehr als 10 Gütern keine Interdependenzen mehr wahrnehmen, ist das Angebot auf 10 Güter je Bündel beschränkt. Ohne doppelte Vergabe von Gütern kann jedes Gebot eines Bieters gewinnen (OR-Biet-Sprache). Nach Vorgabe der Benutzereingaben über die Eingabemaske (siehe Abbildung 14 in der Anlage) werden die Bieter erzeugt, die zunächst auf jedes Gut ein Gebot abgeben. Ein Gebot auf ein Güterbündel setzt sich über normalverteilte Zufallszahlen (nach der Box-Muller-Methode[141]) aus den Geboten für die vorigen Bündel zusammen, aus welchen das neue Bündel besteht. Das Güterbündelgebot ist auf die maximal doppelte Summe der enthaltenen Bündelgebote beschränkt.

---

[141] Vgl. Pillards/Cools, S. 780.

Ein erläuterungsbedürftiger Punkt der Implementierung bildet die Darstellung von Güterbündeln. Um spätere Vergleiche zu erleichtern, werden die Güterbündel durch Binärzahlen vertreten. Ein aktives Gut in einem Bündel ist 1, ein inaktives Gut ist 0. Zur Veranschaulichung der Funktionsweise ein Beispiel mit drei Gütern A, B und C in Tabelle 2.

Tabelle 2: Funktionsweise der Güterbündelüberprüfung

Gut	Binärzahl / Güterbündel							
	1 {A}	2 {B}	3 {A; B}	4 {C}	5 {A; C}	6 {B; C}	7 {A; B; C}	
A	1	0	1	0	1	0	1	$\cdot 2^0$
B		1	1	0	0	1	1	$\cdot 2^1$
C				1	1	1	1	$\cdot 2^2$

Es gibt zu jedem Güterbündel eine passende Binärzahl, die per Identifikationsnummer (IdNr) aufgerufen werden kann. C# 4.0 kennt ein bitweises AND von zwei Operanden durch den logischen Operator &. Mit ihm kann schnell geprüft werden, ob ein Gut im Vergleich von zwei Bündeln vergeben ist. Die der Bündel entsprechenden Binärzahlen werden mit & ausgewertet. Ist ein Gut bei beiden Bündeln vorhanden ergibt die Auswertung 1, wenn nicht ergibt sie 0.

5.2 Greedy

Der Vorteil des Greedy-Algorithmus ist in dem Implementierungsansatz ersichtlich: Er ist kurz und einfach gehalten. Die Gesamtwerte eines Güterbündels bid_set_relation werden in absteigender (engl. *descending*) Reihenfolge in itemSort aufgelistet (Abbildung 4).

Abbildung 4: Auszug 1 aus der Methode Greedy der Klasse Auction

```
var itemSort = from k in bids.Keys
               orderby bid_set_relation[k] descending
               select k;
```

Das beste Gebot, an erster Stelle der Liste, wird ausgewählt und die nächsten passenden Güterbündel in absteigender Reihenfolge hinzugefügt. Ein hinzufügendes Bündel darf kein

Gut enthalten, das in der bestehenden Teillösung vergeben ist (XOR-Kriterium).[142] Die Schleife im Algorithmus wird beendet, sobald alle Güter vergeben sind (Abbildung 5). Das ist über die Summe der IdNr in der Allokation nachprüfbar, die nach jedem Hinzufügeschritt in prüf zwischengespeichert wird.

Abbildung 5: Auszug 2 aus der Methode Greedy der Klasse Auction

```
if (prüf == (Math.Pow(2, number_of_items) - 1))
    break;
```

5.3 GRASP

In der Implementierung des GRASP-Verfahrens wurde der bestehende Greedy-Algorithmus um den Parameter der Kandidatenliste erweitert. Die Größe der Liste ist mit Beschränkung auf die Anzahl der Güterbündel frei wählbar. Zufallsbasiert erfolgt nacheinander eine Auswahl eines Kandidaten chosen_candidate aus der Kandidatenliste (Abbildung 6) und wird zu einer Teillösung hinzugefügt, bis eine echte Lösung gebildet wurde.

Abbildung 6: Auszug aus der Methode GRASP der Klasse Auction

```
chosen_candidate = candidate_list[rnd.Next(candidate_list.Count)];
candidate_list.Remove(chosen_candidate);
```

Mit jedem Durchlauf der Schleife rückt ein Kandidat neu in die Kandidatenliste candidate_list ein. Über eine Benutzereingabe wird gesteuert, wie oft GRASP durchlaufen werden soll. Das beste Ergebnis wird ausgegeben. Durch den Aufbau des Algorithmus lässt sich erkennen, dass die Rechenzeit von der Anzahl der Durchläufe der Schleife proportional abhängig ist. Abweichungen des Rechenaufwands zwischen den Schleifen gibt es aufgrund der zufallsbasierten unterschiedlichen Suchvorgänge.

5.4 Simulated Annealing

Beim Algorithmus für das Simulated Annealing wird zunächst eine echte erste Alternative erstellt. Dieses erfolgt mit dem Greedy-Algorithmus, der bereits implementiert wurde. Die erste Alternative wird als derzeit beste Lösung übernommen. Die Starttemperatur T_0 ist bei 1 festgesetzt. Die Nachbarlösung wird nicht, wie oft genutzt, zufällig ausgewählt, da hierdurch

---

[142] Vgl. Schwind/Stockheim/Rothlauf, S. 6.

schon schlechte Performance nachgewiesen wurde.[143] Stattdessen sortiert der Algorithmus wie in Greedy die Nutzenwerte der Güterbündel in absteigender Reihenfolge. Die Nachbarlösung beginnt mit dem nächsthöheren Wert aus der Reihenfolge und wird mit den nachfolgenden dazu passenden Werten aufgefüllt. Kriterium für den passenden Wert ist, dass ein Gut in dem neuen Güterbündel noch nicht in der bestehenden Zusammenstellung vergeben wurde. Das Ziel ist schon bei der ersten Nachbarlösung eine qualitativ hochwertige zu finden und dies fortzusetzen. Aus diesem Grund hat der Algorithmus keine innere Schleife wie im vorgestellten Pseudocode. Durch die Greedy-Initialisierung wird, wenn noch eins vorhanden, das globale Optimum in den nächsten folgenden Nachbarlösungen vermutet. Die Temperatur nimmt mit jedem neuen Vergleich der Lösungen ab, da auch ein Abnehmen der Wahrscheinlichkeit eines globalen Optimums erwartet wird. Die Abkühlung von T erfolgt geometrisch mit einem Faktor von 0,9.

Entscheidend für den Vergleich der besten Lösung solution und neuen Alternative solution_test ist der Gesamtwert der Güterbündel Outcome. Da höhere Gesamtnutzenwerte für den Auktionator entscheidend sind, muss die Idee des ursprünglichen Simulated Annealings, das Finden des geringsten Wertes,[144] entgegengesetzt angepasst werden. Wenn der Wert von der Nachbarlösung höher ausfällt, als der von der derzeit besten Lösung, übernimmt der Algorithmus die Nachbarlösung als neue beste Zusammenstellung. Fällt der Wert geringer aus, wird mit dem angepassten Metropolis-Kriterium $\exp((f(S') - f(S)) / T)$[145] über die Akzeptanz entschieden. In Abbildung 7 ist ein Teilausschnitt der Implementierung dargestellt, der dieses Verfahren umsetzen soll.

Abbildung 7: Auszug aus der Methode Simulated_Annealing der Klasse Auction

```
delta_outcome = (Outcome(solution_test) - Outcome(solution)) * 0.1;
p = Math.Exp(delta_outcome / T);
if (rnd.NextDouble() <= p)
{
solution = solution_test;
}
T = T * 0.9;
```

Über die erstellte Zufallszahl schließt sich die Beurteilung des Kriteriums an und übernimmt gegebenenfalls die Nachbarlösung als neue beste Lösung. Für das Abbruchkriterium der Schleife wurde das Fallen der Temperatur unter den kritischen Wert von 0,05 gewählt.

---

[143] Vgl. Hoos/Stützle, S. 77 f.
[144] Vgl. Aarts/Korst/van Laarhoven, S. 91.
[145] Vgl. Michalewicz/Fogel, S. 121.

5.5 Testergebnisse der Implementierung

Das Ziel des ersten Testversuchs war es, Aussagen über die Rechenzeiten und Wertigkeiten der Heuristiken mit einer geringen Anzahl an Güterbündelgeboten treffen zu können. Dazu wurde in 100 Versuchen je eine neue Auktion mit 5 Bietern und 10 Gütern (1.023 Gebote pro Bieter) initialisiert. Danach erfolgte die Anwendung der Heuristiken Greedy und Simulated Annealing (SA) mit den vorgestellten Parametern. Für GRASP wurden die Varianten mit 10 (GRASP 10) und 100 (GRASP 100) wiederholten Durchläufen gewählt. Um den Einfluss der Kandidatenliste beobachten zu können, suchte GRASP einmal mit einer kurzen RCL (sRCL) von 3 und einmal mit einer langen RCL (lRCL) von 6.

Die Auswertung der in Tabelle 3 (siehe Anlage) dargestellten Ergebnisse ergibt eine durchschnittliche Rechenzeit bei Greedy von kleiner als 0 Millisekunden. GRASP 10 brauchte 3 Millisekunden und SA 5. GRASP 100 benötigte im Durchschnitt 32 Millisekunden, also 10-mal so viel wie GRASP 10. Durch den Einsatz der Heuristiken kann kein Ergebnis garantieren, dass es die optimale Allokation bietet. Um die Wertigkeit der Lösungen vergleichen zu können, wird sich an dem Ergebnis von Greedy orientiert, dessen Allokation 100% entsprechen soll. Die anderen Algorithmen sollen an dieser Lösung gemessen werden.

In 60% der Fälle erreichte SA ein niedrigeres Ergebnis als Greedy. In 20 Auktionen fand SA eine bessere Lösung (Abbildung 8).

Abbildung 8: 5 Bieter, 10 Güter, Greedy und SA im Vergleich

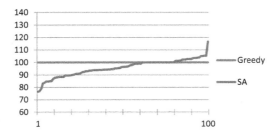

GRASP erzielte mit 10 Durchläufen in weniger als 40 Auktionen schlechtere Ergebnisse als Greedy. Mit 100 Durchläufen konnte sich GRASP weiter verbessern und fand 50-mal ein besseres Ergebnis. Mit einer kleinen Kandidatenliste fand GRASP optimalere Ergebnisse als mit langer Kandidatenliste (Abbildung 9).

Abbildung 9: 5 Bieter, 10 Güter, GRASP 10, sRCL = 3, lRCL = 6

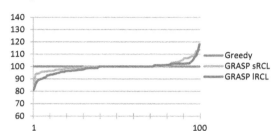

Abbildung 9: 5 Bieter, 10 Güter, GRASP 10, sRCL = 3, lRCL = 6

Nach 100 Durchläufen glichen sich die Ergebnisse über der Greedy-Lösung an (Abbildung 10). Mit kurzer RCL ergab die Lösung von GRASP in zwei Auktionen eine schlechtere Allokation als Greedy, wesentlich weniger als mit langer RCL.

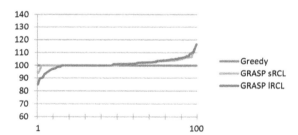

Abbildung 10: 5 Bieter, 10 Güter, GRASP 100, sRCL = 3, lRCL = 6

Nachfolgend sollen alle Ergebnisse im Durchschnitt verglichen werden. SA erzielte die schlechtesten Lösungen mit 4,4% unter dem von Greedy. GRASP lag gleichermaßen nach 10 Durchläufen und mit langer RCL unter dem Greedy-Durchschnitt. Nach 100 Durchläufen lag GRASP 1,5% über dem Greedy-Algorithmus. Die Allokationen mit dem höchsten Gesamtwert fand GRASP.

Aus dem ersten Testlauf lässt sich folgern, dass Greedy regelmäßig nicht das optimale Ergebnis gefunden hat. Der Algorithmus führte die Suche sehr schnell aus und lag mit seinen Ergebnissen im Mittelfeld. Simulated Annealing schnitt am schlechtesten ab, konnte aber in einigen Fällen eine dem Optimum nähere Lösung als Greedy finden. Wenn auch einige Ergebnisse von GPASP unter denen von Greedy liegen, fand GRASP nach 100 Durchläufen regelmäßig gleich gute oder bessere Lösungen. Der Rechenaufwand war dafür im Vergleich einiges höher als bei den anderen Heuristiken.

Im zweiten Testdurchlauf sollten die Heuristiken in großen Suchräumen analysiert werden. Die Auktion umfasste 8 Bieter und 21 Güter, was 1.048.575 Gebote pro Bieter entspricht. Die Anzahl der Durchläufe für GRASP betrug 100. Die Kandidatenliste hatte eine festgelegte Länge von 5. In 100 voneinander unabhängigen Auktionen wurden die Ergebnisse der Heuristiken in Tabelle 4 erfasst.

Der Greedy-Algorithmus braucht im Durchschnitt 0,59 Sekunden, um eine Lösung ausgeben zu können. SA benötigte 17,4 Sekunden und GRASP 59,25 Sekunden. In Abbildung 11 ist die Gegenüberstellung der Rechenzeiten dargestellt. GRASP benötigt aufgrund der vielen Durchläufe wesentlich länger als die beiden anderen Algorithmen.

Abbildung 11: Rechenaufwandverteilung bei 8 Bietern, 21 Gütern

Im Vergleich zu den Daten aus Testlauf 1 erhöhte sich die Rechenzeit bei SA um 17,395 Sekunden, die SA für die Berechnung von zusätzlichen 2 Bietern und 11 Gütern benötigte. Für die gleichen Anforderungen stieg der Zeitaufwand von GRASP um 59,215 Sekunden an. Im Verhältnis war der Anstieg von SA mehr als doppelt so hoch, als bei GRASP. Über den Mehraufwand der Greedy-Heuristik können keine Aussagen gemacht werden, da die Zeiten im ersten Testlauf unterhalb des Messbereichs lagen.

Die Ergebnisse sollen wieder an den Lösungen von Greedy gemessen werden. Von den 100 Versuchen konnten die anderen Heuristiken 25-mal keinen höheren Gesamtnutzen finden als Greedy. In Testlauf 1 war es 58-mal. Die Erfolgsquote sank folglich nach der Erhöhung von Gütern und Bietern. GRASP erreichte im Testlauf immer mindestens den Gesamtwert der Greedy-Lösung und fand in mehr als 75% der Fälle eine noch bessere Lösung.

Aus der Ergebnisübersicht in Tabelle 4 ist ersichtlich, dass Simulated Annealing im Gesamteindruck schlechter abgeschnitten hat, aber teilweise bessere Ergebnisse als Greedy und gleich gute oder höherwertigere Ergebnisse als GRASP erzielen konnte. SA benötigte hierfür im Verhältnis zu GRASP eine sehr geringe Rechenzeit. Die Ergebnisse von SA schwanken zwischen 12% unter und 13% über der Lösung von Greedy. Insgesamt lag der Gesamtnutzen der SA-Allokation 48-mal unter dem von Greedy. In Abbildung 12 sind die unterschiedlichen Erfolgsquoten grafisch dargestellt.

Abbildung 12: 8 Bieter, 21 Güter, RCL = 6

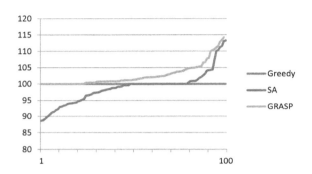

Aus Testlauf 2 ergeben sich anschließende Folgerungen. Die Suche mit Greedy war sehr schnell, selbst bei größeren Daten. Simulated Annealing hatte regelmäßig ein schlechteres Ergebnis. In einigen Fällen fand es bessere Allokationen als die anderen Heuristiken mit einem Rechenzeitaufwand, der weniger als ein Viertel der Gesamtzeit beanspruchte. Die Lösungen von GRASP waren oft am Hochwertigsten. Verbunden mit dem guten Ergebnis ist ein erheblicher Rechenmehraufwand im Vergleich der Test-Heuristiken.

Während der Experimente wurde beobachtet, dass teilweise der gleiche Gesamtnutzen mit unterschiedlichen Zusammenstellungen erreicht werden konnte. Gleiche Gesamtergebnisse ergeben nicht gleiche Allokationen. Die Kandidatenliste hatte einen wesentlichen Einfluss auf GRASP. Eine kürzere Kandidatenliste erzeugte in der kleinen Auktion durchweg gute Ergebnisse. Eine längere Liste brachte teilweise eine noch bessere Zusammenstellung auf Kosten des im Durchschnitt schlechteren Gesamtnutzens.

Bei der Beurteilung der Resultate muss beachtet werden, dass diese stark von den Auktionsbedingungen abhängig sind. Die Gebote sind durch Vorgaben wie erste Gebote zwischen 0 und 10 eingeschränkt, welche die Präferenzen-Abbildung der Bieter grundlegend begrenzen. Eng beieinanderliegende, nicht unbedingt der Realität entsprechende Gebote können die Folge sein. Die Implementierung kann nur Anhaltspunkte liefern.

5.6 Folgerungen und Aussichten

Die theoretischen Annahmen und in der Literatur durchgeführten Experimente konnten bestätigt werden. Der Such-Algorithmus Greedy hat sehr schnelle Ergebnisse mit gutem Gesamtnutzen geliefert. Die Wertigkeit der Greedy-Lösung sank mit Anstieg der Problemgrößen. Die Ergebnisse vom Simulated Annealing waren sehr von der Auktion abhängig. Mit mittlerem Rechenaufwand konnten einige sehr gute Ergebnisse gefunden werden. Im Durchschnitt war die Suche mit SA weniger erfolgreich, mit Sicht auf alle vorgestellten Heuristiken. Der Grund könnte die vorhandene Wahrscheinlichkeit sein, schlechtere Teillösungen zu akzeptieren. Andererseits konnte nur so das lokale Optimum verlassen werden. GRASP hat eine große Vielfalt an Allokationen geboten. Ausschlaggebend für effiziente Lösungen bei GRASP waren die Anzahl der Algorithmen-Durchläufe und die Kandidatenlänge. Mit höherer Durchlaufs-Zahl stieg der Rechenaufwand stark an. Insgesamt betrachtet, haben alle implementierten Algorithmen ihre Stärken und Schwächen in Form von Rechenzeiten oder dem Optimum nähere Lösung. Es kann keiner als Heuristik mit den erfolgreichsten Testergebnissen benannt werden.

Die Implementierungen dieser Arbeit bieten viele Möglichkeiten der Optimierung. Mit der Aussicht auf effizientere Lösungen oder der Reduzierung der Laufzeit gibt es Störfaktoren, denen man begegnen kann. In den theoretischen Überlegungen wurden diese Störfaktoren diskutiert und Lösungsvorschläge gemacht. Greedy besticht durch seine Einfachheit. Ohne Anspruch auf ein globales Optimum, bietet er hohes Unterstützungspotential bei anderen Heuristiken. Bei GRASP wird vermutlich mehrmals dieselbe Allokation gefunden worden sein, was zu Lasten unnötigen Rechenaufwandes geht. Das Problem wurde im theoretischen Teil aufgegriffen und die Alternative eines anpassungsfähigen GRASP vorgestellt.[146] Die Resultate der Tests lassen vermuten, dass die Parameterwahl beim Simulated Annealing eine wesentliche Rolle spielt. Die Starttemperatur und die Abkühlungsfunktion haben wesentlichen Einfluss, ob lokale Suchbarrieren überwindbar sind. Der implementierte geometrische Verlauf könnte durch einen dynamischen Abkühlungsplan ersetzt werden. Die von Hajek veröffentlichten Optimierungen bieten ein großes Potential an verschiedenen Varianten.[147] Die vorgestellten Optimierungsmöglichkeiten sind ein Bruchteil derer, die in der Literatur zu finden sind. Die Verknüpfung der Heuristiken, wie sie partiell in der Implementierung stattfand, erweitert nochmals den Raum an Möglichkeiten.

---

[146] Vgl. Resende/Ribeiro, S. 10 f.
[147] Vgl. Hajek, S. 311 ff.

6. Schlussteil

Kombinatorische Auktionen spielen aktuell eine wichtige Rolle in der Auktionstheorie. Durch die vielen Gebote, die sich aus überlappenden Gütern ergeben, und dem daraus erschließenden Winner Determination Problem hat sich das Thema zu einem der wichtigsten der Computerwissenschaft entwickelt.[148] Bezugspunkt für das Interesse ist der Umfang der Komplexität, wie er auch bei anderen Problemen zu finden ist, für die es noch keinen Algorithmus mit polynomialer Laufzeit gibt.

Das Ausmaß des Winner Determination Problems ist von vielen Faktoren abhängig, die im Detail der Auktionen liegen. Angefangen bei der Auktionsumgebung, die eine geschlossene oder offene Auktion vorgibt, über die genutzte Biet-Sprache sollte alles bei der Entwicklung von effektiven Algorithmen beachtet werden. Sie beeinflussen die Komplexität und können die Belastungsverteilung ändern.[149] Neben dem Winner Determination Problem gibt es weitere Komplexitätsherausforderungen. Bei Lösungsansätzen zur Reduzierung des großen Spektrums an Güterallokationen muss gleichzeitig die Erhöhung anderer Komplexitäten vermieden werden.

Da das Interesse der Wirtschaft zum Beispiel in der betrieblichen Beschaffung sehr hoch ist, hat man versucht, Lösungen für die Bestimmung der Auktionsgewinner zu entwickeln. Mit Wachstum der Auktion durch mehr Bieter und mehr Güter sind Algorithmen, die ein optimales Ergebnis garantieren, praktisch nicht mehr einsetzbar. Die Laufzeiten sind zu hoch oder es wird gar keine Lösung gefunden. In diesem Punkt setzt die Idee der Heuristiken ein. Hierfür weicht der Anspruch auf ein optimales Ergebnis für eine Lösung, auf die man eine Garantie geben kann, dass sie dem Optimum mit einer bestimmten Wahrscheinlichkeit nahe ist. Die Erforschung guter approximierter Verfahren bietet gute Ansätze, das Winner Determination Problem bewältigen zu können.[150]

In dieser Arbeit wurde die Heuristik Greedy sowie die Metaheuristiken GRASP und Simulated Annealing vorgestellt.[151] Greedy und GRASP basieren auf demselben Konzept. Die herausragenden Eigenschaften bei Greedy sind Einfachheit und Schnelligkeit. Da die Ergebnisse von Greedy noch Möglichkeiten zur Optimierung haben können, bedient man sich an Randomisierungsverfahren, um die deterministische Suche auf mehrere Lösungsvarianten zu erweitern. Im Simulated Annealing möchte man lokale Suchbarrieren überwinden und

---

[148] Vgl. Milgrom, S .298.
[149] Vgl. de Vries/Vohra. S. 5.
[150] Vgl. Pitsoulis/Resende, S. 2.
[151] Vgl. Schwind/Stockheim/Rothlauf, S. 2.

akzeptiert eine schlechtere Lösung nach speziellen Kriterien. Dadurch entsteht ein Risiko, das neben besseren Allokationen ebenfalls schlechtere zusammengestellt werden können. Selbst mit geringer Wahrscheinlichkeit des Akzeptanzkriteriums, bleibt die Möglichkeit des Wechsels zu dem Gesamtnutzenverkleinernden Bündels vorhanden.

Die Simulation der Heuristiken in einem Programm konnte verschiedene Erkenntnisse offenbaren. Die Eigenschaften an denen die Algorithmen orientiert sein sollen, wurden bestätigt. Die Verhaltensweisen sind entscheidend bei der Wahl, welcher Lösungsansatz für die kombinatorische Auktion genutzt werden soll. Für sehr schnelle Resultate auch in großen Auktionsumgebungen müsste man sich mit Ergebnissen zufrieden geben, die teilweise unter dem Optimum liegen. Das Finden der optimalen Allokation ist mit wesentlich mehr Rechenzeitaufwand verbunden.

Aus den Versuchen der simulierten Auktion haben sich Ansatzpunkte aufgezeigt, in denen sich die Implementierungen weiter verbessern lassen. Eine wichtige Erkenntnis ist, dass die (Meta-)Heuristiken nur ein grobes Schema liefern können. Verfolgt man dieses, erhält man die prognostizierten Resultate. Möchte man Ergebnisse erreichen, die dem Optimum gleich oder an diesen angelehnt sind, muss der Algorithmus weiter angepasst werden. Die Heuristiken können nur so gut sein, wie ihre Parameter definiert sind.

Die Tests in der Simulation haben gezeigt, dass jeder Algorithmus mindestens einmal eine bessere Lösung erzielen konnte als die anderen. Für die weitere Optimierung wurde die Möglichkeit angesprochen, die Leistungsfähigkeit von Heuristiken zu steigern. Eine davon ist die Kombination der Algorithmen. Das Ziel ist das Erstellen von verschiedenen suboptimalen Lösungen, aus denen die beste ausgewählt werden kann. Eine weitere Folgerung ist, dass jede der genutzten Heuristiken einen wertvollen Beitrag zur Bewältigung des Winner Determination Problems leisten könnte.

Die vorliegende Bachelorarbeit hat einen Einblick in die weitläufige Auktionstheorie gegeben. Die hohe Nutzenwertigkeit der kombinatorischen Auktionen für verschiedene Wirtschafszweige wurde dargestellt. An den Herausforderungen, die kombinatorische Auktionen mit sich bringen, besteht ein hohes Interesse. Mit Bezug auf das Winner Determination Problem wurde eine Auswahl an Heuristiken vorgestellt, mit denen weitere Lösungsansätze verfolgbar sind. Durch die Erläuterung der in der Literatur zu findenden Merkmale und Eigenschaften sowie der anschließenden Tests in Form von Simulationen, wurden die Fähigkeiten der Heuristiken vorgestellt. Zusammenfassend bieten sie gute Ansätze für weitere Lösungsentwicklungen, die eine Bewältigung des Winner Determination Problems und damit effizienten Einsatz von kombinatorischen Auktionen möglich machen können.

Anhang

Abbildungen

Abbildung 13: Kombinatorische Auktion mit vier Gütern[152]

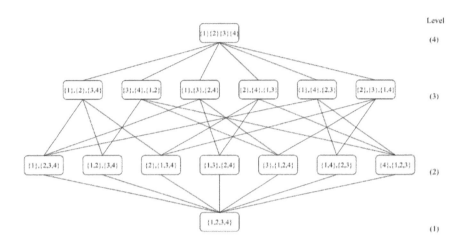

Abbildung 14: Eingabemaske für die Auktionsparameter

---

[152] Vgl. Sandholm, S. 19.

Tabellen

Tabelle 3: Testlauf 1

| | Rechenzeiten | | | | Gesamtwert der Allokation | | | | | |
| | | | | | | | GRASP 10 | | GRASP 100 | |
Nr.	Greedy	SA	GRASP10	GRASP100	Greedy	SA	sRCL	IRCL	sRCL	IRCL
1	0,004	0,006	0,004	0,038	92	87	81	83	92	83
2	0	0,005	0,003	0,038	88	90	90	88	94	88
3	0	0,005	0,003	0,035	76	80	81	79	81	80
4	0	0,006	0,003	0,035	77	79	78	77	78	79
5	0	0,004	0,003	0,032	77	78	79	75	79	78
6	0	0,004	0,003	0,03	66	77	77	78	77	70
7	0	0,005	0,003	0,037	79	79	80	79	81	82
8	0	0,005	0,003	0,032	85	84	88	85	88	88
9	0	0,005	0,003	0,032	84	87	84	84	84	84
10	0	0,005	0,003	0,032	84	87	84	86	84	86
11	0	0,005	0,003	0,031	90	83	84	89	90	90
12	0	0,005	0,003	0,03	78	78	74	74	81	74
13	0	0,005	0,003	0,039	89	81	82	81	89	89
14	0	0,005	0,003	0,032	76	68	76	77	77	76
15	0	0,005	0,003	0,04	85	85	85	85	85	85
16	0	0,005	0,003	0,032	79	82	76	89	88	92
17	0	0,005	0,003	0,04	87	87	87	87	87	87
18	0	0,005	0,003	0,033	91	91	91	91	91	87
19	0	0,005	0,003	0,031	84	78	81	85	84	84
20	0	0,005	0,003	0,032	107	91	107	87	107	91
21	0	0,005	0,003	0,038	93	91	93	92	94	93
22	0	0,005	0,003	0,032	88	89	89	90	90	89
23	0	0,008	0,003	0,033	83	79	83	83	83	84
24	0	0,005	0,003	0,033	70	66	70	68	71	70
25	0	0,004	0,003	0,044	70	66	68	69	70	71
26	0	0,005	0,003	0,031	92	81	93	86	92	94
27	0	0,005	0,003	0,03	92	86	92	92	92	92
28	0	0,005	0,003	0,045	80	84	82	77	83	88
29	0	0,005	0,003	0,033	80	84	80	86	82	88
30	0	0,005	0,003	0,032	86	81	79	80	86	83
31	0	0,004	0,003	0,037	82	77	82	82	82	77
32	0	0,004	0,003	0,031	69	67	72	70	72	71
33	0	0,005	0,003	0,038	85	81	84	85	88	86
34	0	0,005	0,003	0,036	69	65	69	64	69	72
35	0	0,005	0,003	0,035	69	65	67	65	69	70
36	0	0,004	0,003	0,032	106	81	106	91	106	103
37	0	0,005	0,012	0,034	93	85	93	90	93	93
38	0	0,005	0,003	0,036	98	92	87	95	92	98
39	0	0,005	0,003	0,043	77	79	77	77	77	78
40	0	0,005	0,003	0,031	108	108	108	101	109	108

	Rechenzeiten				Gesamtwert der Allokation					
							GRASP 10		GRASP 100	
Nr.	Greedy	SA	GRASP10	GRASP100	Greedy	SA	sRCL	lRCL	sRCL	lRCL
41	0	0,005	0,003	0,031	91	90	95	92	95	95
42	0	0,005	0,003	0,042	95	84	95	90	108	108
43	0	0,005	0,003	0,037	78	78	78	85	83	85
44	0	0,005	0,003	0,036	82	79	87	82	87	83
45	0	0,005	0,003	0,03	81	81	81	81	81	81
46	0	0,005	0,003	0,036	77	77	77	76	79	79
47	0	0,005	0,003	0,032	80	80	83	80	85	85
48	0	0,005	0,003	0,033	87	85	83	84	87	87
49	0	0,005	0,003	0,041	80	68	82	80	82	81
50	0	0,005	0,003	0,037	90	86	91	91	90	91
51	0	0,005	0,003	0,035	102	106	106	93	102	106
52	0	0,008	0,003	0,031	96	90	96	96	96	96
53	0	0,005	0,003	0,04	77	77	77	77	77	77
54	0	0,005	0,003	0,036	81	82	85	81	85	85
55	0	0,005	0,003	0,033	92	92	92	88	92	92
56	0	0,004	0,003	0,042	94	83	94	90	96	93
57	0	0,005	0,003	0,037	95	100	92	93	95	102
58	0	0,005	0,003	0,03	87	78	87	87	87	87
59	0	0,005	0,003	0,039	92	94	92	89	94	98
60	0	0,006	0,003	0,036	86	86	76	77	86	77
61	0	0,004	0,002	0,029	72	72	73	73	74	73
62	0	0,005	0,003	0,034	85	79	85	87	85	79
63	0	0,005	0,003	0,037	80	75	83	78	83	83
64	0	0,005	0,003	0,032	93	82	87	92	93	91
65	0	0,006	0,009	0,032	85	72	85	87	85	84
66	0	0,005	0,003	0,032	85	85	82	85	85	85
67	0	0,005	0,003	0,041	101	103	101	101	103	100
68	0	0,005	0,003	0,038	89	74	90	80	92	80
69	0	0,005	0,003	0,042	77	70	77	75	77	75
70	0	0,006	0,003	0,034	86	78	87	87	86	86
71	0	0,005	0,003	0,041	86	77	86	83	86	87
72	0	0,005	0,003	0,034	97	100	101	99	100	99
73	0	0,005	0,003	0,033	74	62	75	75	75	75
74	0	0,005	0,003	0,045	85	82	86	82	86	90
75	0	0,005	0,003	0,038	78	80	78	78	81	81
76	0	0,005	0,003	0,034	79	78	74	81	80	81
77	0,004	0,006	0,004	0,03	95	89	95	95	91	95
78	0	0,005	0,003	0,035	83	82	83	82	83	85
79	0	0,004	0,003	0,033	88	87	88	87	89	89
80	0	0,005	0,003	0,032	104	80	104	92	104	104
81	0	0,005	0,003	0,032	90	84	90	90	90	90
82	0	0,005	0,003	0,031	91	86	91	91	91	91
83	0	0,005	0,003	0,038	110	110	110	110	110	110
84	0	0,006	0,003	0,038	76	66	76	80	80	80

Nr.	Rechenzeiten				Gesamtwert der Allokation					
							GRASP 10		GRASP 100	
	Greedy	SA	GRASP10	GRASP100	Greedy	SA	sRCL	IRCL	sRCL	IRCL
85	0	0,005	0,003	0,035	76	76	78	78	78	78
86	0	0,005	0,003	0,032	85	72	85	87	87	87
87	0	0,005	0,003	0,057	89	80	89	85	89	89
88	0	0,005	0,007	0,031	82	78	82	84	83	84
89	0	0,005	0,003	0,04	76	76	76	76	79	79
90	0	0,005	0,003	0,032	76	60	76	78	79	79
91	0	0,005	0,003	0,038	81	78	83	83	84	87
92	0	0,005	0,003	0,042	92	85	92	92	92	92
93	0	0,005	0,009	0,033	82	72	85	83	86	86
94	0	0,005	0,003	0,036	101	91	101	95	101	101
95	0	0,005	0,003	0,032	95	85	89	95	95	95
96	0	0,005	0,003	0,031	92	92	85	92	94	94
97	0	0,005	0,002	0,032	85	86	90	87	90	90
98	0	0,005	0,003	0,045	81	76	81	80	81	85
99	0	0,005	0,003	0,035	87	84	88	88	88	88
100	0	0,005	0,003	0,032	95	84	95	95	95	95

Tabelle 4: Testlauf 2

Nr.	Rechenzeiten			Gesamtnutzen der Allokation		
	Greedy	SA	GRASP	Greedy	SA	GRASP
1	0,598	17,737	67,678	296	296	296
2	0,602	17,978	63,385	256	243	256
3	0,562	17,291	57,784	237	210	237
4	0,587	16,835	58,197	226	224	241
5	0,556	16,511	58,248	225	219	225
6	0,582	17,229	59,33	258	258	260
7	0,571	17,81	59,963	250	237	252
8	0,58	17,189	59,263	250	247	253
9	0,612	19,266	66,4	271	291	306
10	0,588	16,8	54,232	238	237	240
11	0,583	16,683	57,417	243	228	248
12	0,573	20,99	61,65	212	234	234
13	0,569	16,889	58,46	207	231	231
14	0,598	17,819	61,26	233	213	233
15	0,552	16,424	56,574	258	249	271
16	0,579	17,308	58,436	247	247	259
17	0,569	16,981	60,492	225	235	225
18	0,59	17,605	60,664	283	254	283
19	0,572	17,155	59,326	245	244	245
20	0,573	17,114	58,924	263	263	266
21	0,555	20,22	68,642	248	248	249
22	0,611	17,977	63,375	210	206	217

	Rechenzeiten			Gesamtnutzen der Allokation		
Nr.	Greedy	SA	GRASP	Greedy	SA	GRASP
23	0,552	16,4	56,376	213	215	221
24	0,558	18,111	62,765	263	263	264
25	0,578	17,172	57,895	243	240	254
26	0,57	18,758	58,528	242	240	247
27	0,581	17,446	59,554	276	260	276
28	0,582	17,353	59,576	241	215	241
29	0,547	16,288	55,151	284	284	178
30	0,562	16,836	57,781	250	245	252
31	0,613	17,543	70,851	251	251	255
32	0,606	17,936	61,532	256	256	256
33	0,585	16,337	55,623	228	251	251
34	0,588	17,43	60,436	222	215	233
35	0,54	16,84	55,404	262	263	276
36	0,596	17,729	60,395	224	231	229
37	0,607	18,27	63,366	245	245	252
38	0,566	16,844	57,912	215	224	232
39	0,587	18,539	62,276	245	245	247
40	0,566	16,846	60,536	256	255	256
41	0,605	17,808	59,2	280	280	283
42	0,612	17,952	61,124	225	220	226
43	0,57	16,921	58,205	229	214	229
44	0,703	16,638	57,528	258	258	264
45	0,567	16,938	58,11	211	239	241
46	0,556	16,671	57,503	244	244	245
47	0,574	16,373	56,9	287	267	287
48	0,593	17,571	61,137	223	232	234
49	0,583	17,277	59,672	287	264	287
50	0,618	18,442	63,251	275	251	281
51	0,59	17,433	60,623	231	236	249
52	0,6	17,843	60,629	294	294	294
53	0,608	18,33	62,449	225	231	231
54	0,582	17,163	59,762	254	239	264
55	0,575	17,439	60,126	275	244	275
56	0,6	17,803	61,133	216	220	239
57	0,585	17,411	59,936	252	240	252
58	0,614	17,585	59,341	245	231	251
59	0,565	16,775	57,908	279	279	282
60	0,598	17,463	62,407	211	220	222
61	0,595	17,53	59,54	231	225	234
62	0,564	16,929	58,74	246	243	251
63	0,624	18,531	63,134	245	244	250
64	0,599	17,624	60,86	264	264	268
65	0,721	18,346	62,405	228	226	238
66	0,602	18,724	60,28	225	227	228
67	0,57	17,6	58,729	220	214	232

	Rechenzeiten			Gesamtnutzen der Allokation		
Nr.	Greedy	SA	GRASP	Greedy	SA	GRASP
68	0,566	16,942	28,619	241	225	243
69	0,576	17,42	58,74	250	250	250
70	0,571	16,979	57,792	289	289	291
71	0,648	16,105	55,699	277	277	278
72	0,557	16,544	57,126	250	227	252
73	0,691	16,711	57,465	257	237	257
74	0,565	16,542	56,9	239	233	248
75	0,566	16,765	57,456	234	220	238
76	0,579	17,332	59,261	231	218	242
77	0,543	16,199	54,773	236	236	238
78	0,548	16,451	55,346	214	217	228
79	0,581	17,322	60,384	265	261	268
80	0,575	17,328	58,863	255	251	260
81	0,551	16,414	55,463	269	269	274
82	0,546	16,897	57,948	246	246	246
83	0,599	17,981	62,49	244	246	249
84	0,604	18,123	62,429	224	249	249
85	0,545	16,298	55,915	236	238	238
86	0,581	17,255	58,72	242	225	243
87	0,58	17,59	61,3	251	251	257
88	0,562	17,22	57,773	218	208	225
89	0,572	19,955	58,11	280	280	282
90	0,591	17,575	59,992	257	248	257
91	0,576	17,21	58,53	255	230	257
92	0,646	17,173	57,15	265	265	268
93	0,595	18,116	62,315	264	264	264
94	0,538	16,139	56,118	234	234	241
95	0,623	18,57	63,458	269	269	272
96	0,679	18,971	64,971	233	229	242
97	0,562	16,109	54,68	223	252	253
98	0,581	17,248	60,715	241	233	243
99	0,539	16,49	55,185	259	259	268
100	0,562	16,694	57,346	274	274	274

Literaturverzeichnis

Aarts, E.H.L., Korst, J.H.M. & van Laarhoven, P.J.M., 1997: *Simulated Annealing*. In E. H. L. Aarts & J. K. Lenstra, Eds. Local Search in Combinatorial Optimization. West Sussex: John Wiley & Sons.

Bannier, C.E., 2005: *Das Revenue-Equivalence-Theorem*. In Vertragstheorie - Eine Einführung mit finanzökonomischen Beispielen und Anwendungen. Heidelberg: Physica-Verlag, S. 209–211.

Bichler, M., Pikovsky, A. & Setzer, T., 2009: *Kombinatorische Auktionen in der betrieblichen Beschaffung - Eine Analyse grundlegender Entwurfsprobleme*. Wirtschaftsinformatik Journal, 51(1), S. 130–138.

Cargal, J.M., 1997: *Stirling Numbers of the Second Kind: Counting Partitions*. In Discrete Mathematics for Neophytes: Number Theory, Probability, Algorithms, and Other Stuff. S. 1–5.

Černý, V., 1985: *Thermodynamical Approach to the Traveling Salesman Problem: An Efficient Simulation Algorithm*. Journal of Optimization Theory and Applications, 45(1), S. 41–51.

Cramton, P., Shoham, Y. & Steinberg, R., 2007: *An Overview of Combinatorial Auctions*. ACM SIGecom Exchanges Journal, 7(1), S. 1–12.

de Vries, S. & Vohra, R.V., 2000: *Combinatorial Auctions: A Survey*. INFORMS Journal on Computing, 15(3), S. 1–69.

DeMaio, J. & Touset, S., 2008: *Stirling Numbers of the Second Kind and Primality*. Search Journal, S. 1–7.

Feo, T.A. & Resende, Mauricio G. C., 1995: *Greedy Randomized Adaptive Search Procedures*. Journal of Global Optimization, 6(2), S. 109–133.

Fink, A., Schneidereit, G. & Voß, S., 2005. *Grundlagen der Wirtschaftsinformatik* 2. Auflage, Heidelberg: Physica-Verlag.

Fortnow, L., 200:. *The Status of the P versus NP Problem*. Communications of the ACM Journal, 52(9), S. 78–86.

Görtz, S. & Klose, A., 2005: *Das kapazitierte Standortproblem: Branch-and-Price und die Wahl der Verzweigungsvariable*. Supply Chain Management und Logistik Journal, S. 485–506.

Hajek, B., 1988: *Cooling Schedules For Optimal Annealing*. Mathematics of Operations Research, 13(2), S. 311–329.

Hart, P.J. & Shogan, A.W., 1987: *Semi-greedy Heuristics: An Empirical Study*. Operations Research Letters Journal, 6(3), S. 107–114.

Holte, R., 2001: *Combinatorial Auctions, Knapsack Problems, and Hill-climbing Search*. Advances in Artificial Intelligence Journal, S. 57–66.

Hoos, H.H. & Stützle, T., 2005: *Stochastic Local Search: Foundations and Applications*, Morgan Kaufmann.

Kirkpatrick, S., Gelatt, C.D. & Vecchi, M.P., 1983: *Optimization by Simulated Annealing*. Science Journal, 220(4598), S. 671–680.

Klemperer, P., 1999: *A Survey of Auction Theory*. Journal of Economic Surveys, 13(3), S. 227–286.

Kwasnica, A.M. et al., 2005: *A New and Improved Design for Multiobject Iterative Auctions*. Management Science Journal, 51(3), S. 419–434.

König, W. & Schwind, Michael, 2006: *Entwurf von kombinatorischen Auktionen für Allokations-und Beschaffungsprozesse*. Herausforderungen in der Wirtschaftsinformatik, S. 29–48.

Lehmann, D., Müller, R. & Sandholm, T., 2006: *The Winner Determination Problem*. In Combinatorial Auctions. The MIT Press, S. 297–317.

Levitin, A., 2002: *Introduction to the Design and Analysis of Algorithms*, Addison Wesley.

Li, T., Perrigne, I. & Vuong, Q., 2002: *Structural Estimation of the Affiliated Private Value Auction Model*. The RAND Journal of Economics, 33(2), S. 171.

Martini, M., 2008: *Der Markt als Instrument hoheitlicher Verteilungslenkung: Möglichkeiten und Grenzen einer marktgesteuerten staatlichen Verwaltung des Mangels*, Mohr Siebeck.

McAfee, R.P. & McMillan, J., 1987: *Auctions and bidding*. Journal of economic literature, 25(2), S. 699–738.

Metropolis, N. et al., 1953: *Equation of State Calculations by Fast Computing Machines*. The Journal of Chemical Physics, 21(6), S. 1087–1092.

Michalewicz, Z. & Fogel, D.B., 2004: *How to solve it: modern heuristics*, New York: Springer-Verlag.

Milgrom, P.R., 2004: *Putting auction theory to work*, Cambridge Univ. Press.

Nisan, N., 2004: *Bidding languages*. In Combinatorial Auctions. MIT Press, S. 1–19.

Nisan, N., Roughgarden, T., Tardos, É. et al., 2007. *Algorithmic Game Theory*, New York: Cambridge University Press.

Peters, M., 2001: *Common Agency and the Revelation Principle*. Econometrica, 69(5), S. 1349–1372.

Pillards, T. & Cools, R., 2006: *Using Box-Muller with Low Discrepancy Points*. Computational Science and Its Applications-ICCSA 2006, S. 780–788.

Pitsoulis, L.S. & Resende, Mauricio G C, 2001: *Greedy randomized adaptive search procedures*. AT&T Labs Research Technical Report.

Porter, David et al., 2003: *Combinatorial auction design*. Proceedings of the National Academy of Sciences of the USA, 100(19), S. 11153–11157.

Rassenti, S.J., Smith, V.L. & Bulfin, R.L., 1982: *A Combinatorial Auction Mechanism for Airport Time Slot Allocation*. The Bell Journal of Economics, 13(2), S. 402–417.

Resende, Mauricio G. C. & Ribeiro, C.C., 2002: *GRASP: Greedy Randomized Adaptive Search Procedures*, AT&T Labs Research Technical Report TD-53RSJY.

Rothkopf, M.H., 2007: *Thirteen Reasons Why the Vickrey-Clarke-Groves Process Is Not Practical*. Operations Research Journal, 55(2), S. 191–197.

Rothkopf, M.H., Pekec, A. & Harstad, R.M., 1998: *Computationally Manageable Combinational Auctions*. Management Science Journal, 44(8), S. 1131–1147.

Sandholm, T., 2002: *Algorithm for optimal winner determination in combinatorial auctions*. Artificial Intelligence, 135(1-2), S. 1–54.

Scheithauer, G., 2008: *Das Rucksackproblem*. In Zuschnitt- und Packungsoptimierung. Wiesbaden: Vieweg+Teubner Verlag, S. 19–22.

Schwind, M., Stockheim, T. & Rothlauf, F., 2003: *Optimization Heuristics for the Combinatorial Auction Problem*. The 2003 Congress on Evolutionary Computation, S. 1–15.

Stützle, Thomas, 2003: *Simulated Annealing , Dynamic Local Search , GRASP , Iterated Greedy - An Overview*. Slides for Stochastical Local Search, http://www.sls-book.net/Slides/sls-methods.pdf [23. Februar, 2011].

Thaler, R.H., 1992: *The Winner's Curse: Paradoxes and Anomalies of Economic Life*, New York: The Free Press.

Voß, S., 2009: *Metaheuristik*. http://www.enzyklopaedie-der-wirtschaftsinformatik.de/wi-enzyklopaedie/lexikon/technologien-methoden/Operations-Research/Metaheuristik [27. Februar, 2011].

Zurel, E. & Nisan, N., 2001: *An Efficient approximate allocation Algorithm for Combinatorial Auctions. In* Proceedings of the 3rd ACM conference on Electronic Commerce.

www.ingramcontent.com/pod-product-compliance
Lightning Source LLC
LaVergne TN
LVHW042256060326
832902LV00009B/1063